Lidia Rosenberg Aratangy

SOS Amor

EDU
PRIMAVERA
EDITORIAL

Sumário

Introdução

Atender casais no consultório é diferente de responder a cartas de leitores, mensagens de internautas ou perguntas de ouvintes de programas de rádio. Quando recebo um casal, preciso ficar atenta ao que aquele vínculo apresenta como particularidade, preocupo-me em perceber as nuanças que ressoam na dinâmica desse vínculo específico. Meu olhar, como que armado de uma lupa, busca captar como cada parceiro ouve as palavras do outro, com que atenção ou indiferença cada um recebe o que o outro transmite. Minha intenção é descrever o que vejo de maneira a acrescentar algo novo ao já conhecido; minhas interpretações buscam lançar alguma luz sobre aspectos invisíveis da trama conjugal. Tudo é pensado sob medida para aquele momento da história do casal. Por isso, não é possível definir, depois do primeiro encontro, por quanto tempo nosso contato será mantido e quantos encontros serão necessários para elucidar aquele enredo.

Quando respondo à carta de um leitor numa revista, ou à mensagem de um internauta num site, ou ainda, à pergunta de um ouvinte num programa de rádio ao vivo, meu foco é outro. Busco descobrir que indagação geral pode estar refletida naquela questão individual, sem deixar de incluir na resposta uma ajuda direta e imediata à angústia desse interlocutor distante e desconhecido.

Ao me decidir transformar em livro este acervo de perguntas e respostas já publicadas em revistas e sites, ou divulgadas em programas de rádio, me deparei ainda com outros desafios. Os leitores de revista, os frequentadores de sites e os ouvintes de um programa não são os mesmos ao longo do tempo: meu contato com esses interlocutores é episódico e precário, o que me obriga a retomar várias vezes o mesmo tema, talvez até do mesmo ângulo, em diferentes momentos.

Num livro, tenho o mesmo interlocutor para todos os temas. Essa condição permite – e até exige – maior aprofundamento no tratamento de cada questão. Mas ficam proibidas as repetições, ainda que seja para tratar de assuntos semelhantes. Assim, foi preciso organizar as perguntas em temas e, às vezes, até agrupar várias consultas numa pergunta única, de dimensão mais ampla, a qual contenha as diferentes facetas com que uma mesma angústia se apresenta.

Nesse processo, perde-se parte da riqueza que haveria na apresentação de todas as perguntas pessoais. Pelo mesmo motivo, as respostas, mais gerais, ganham profundidade, mas, inevitavelmente, perdem a especificidade e a espontaneidade.

É o preço a se pagar por essa passagem do pessoal para o coletivo, como numa transposição de um solo de clarineta para uma peça orquestral. Bons ouvidos serão capazes de isolar, no conjunto de sons, o daquele instrumento que reproduz o tema.

Espero que os leitores deste livro possam identificar, nas perguntas anônimas, a vibração de sua angústia pessoal, e encontrar nas respostas gerais a nota capaz de aplacar sua ansiedade.

Separação

Depois de um ano de namoro, meu namorado começou a ter atitudes de quem queria terminar: falava que não queria namorar, que queria curtir com os amigos, mas que gostava de mim e não queria me fazer sofrer. Já tentamos namorar algumas vezes nos últimos três anos, mas de um ano para cá, ficou mais sério. Todas as vezes que começamos a namorar, terminamos depois de poucos meses, por opção dele. Eu sofria muito e, de vez em quando, a gente ficava.

Nosso relacionamento era bom, mas me dá impressão de que ele caía fora sempre que percebia que estava gostando de mim. Até que resolvi esquecê-lo e arrumar outra pessoa. Então ele começou a me procurar, me prometeu que eu não iria me arrepender se voltasse com ele. Depois que voltamos, ele foi maravilhoso, carinhoso, romântico, e dizia que me amava e que não iria me deixar mais. Foram sete meses assim, depois tudo voltou ao que era antes: ele disse que queria terminar e que não gostava mais de mim. Chorei e ainda choro muito, tenho esperanças de voltar, mas não sei...

Parece que você está lidando com um parceiro instável, que transforma a experiência amorosa numa brincadeira de ioiô. A questão não é voltar ou não, mas sim o tipo de projeto de vida que esse enredo prepara. Se esse moço se comporta dessa maneira enquanto vocês são namorados, pense um pouco no tipo de casamento que a espera...

Se você está disposta a aceitar esse tipo de vida, vá em frente. Se não, caia fora. Você até já comprovou que é perfeitamente capaz de viver e ser feliz sem ele. O que ainda não sabe é se você é capaz de viver com ele. Nem sei se vale a pena experimentar.

Meu namorado me trocou por outra. O que fazer?

Não há nada a fazer, a não ser virar a página e cuidar de sua vida. Você parece estar mais preocupada por ter sido preterida em favor de outra mulher do que com o fim da relação amorosa. Assim é mais difícil se desligar do ressentimento. Não adianta ficar presa ao passado, remoendo lembranças e fabulando planos de vingança. Chega de contemplar os restos dessa cidade arrasada. Olhe para a frente. Não importa de quem parte o gesto que provoca o fim de um relacionamento amoroso: se o namoro acabou, isso significa que, provavelmente, a relação não estava boa para nenhum dos envolvidos, e com o tempo a ruptura acabaria por acontecer. É melhor um namoro rompido do que um casamento infeliz.

Terminei com meu namorado e alguns livros meus ficaram na casa dele. Como faço para pegá-los de volta? Não quero deixar meu ex chateado, mas também não quero que se entusiasme e pense que estou a fim de reatar o namoro.

Problemas práticos têm soluções práticas. Para reaver os objetos deixados na casa de seu ex, basta um telefonema solicitando que seus pertences sejam deixados na portaria. No entanto, sua preocupação com a reação do rapaz faz suspeitar que você deixou mais do que livros na casa dele. Se for assim, saiba que não vai dar para pegar de volta o antigo poder de deixar o namorado chateado ou entusiasmado: depois da ruptura, o que ele sente não mais diz respeito a você. Portanto, não tente adivinhar como deve se comportar para que ele sinta ou deixe de sentir o que quer que seja.

Minha ex-mulher é muito racional, não consegue ser emocional num relacionamento. Quando estávamos juntos, sempre que eu queria ir mais "fundo", ela se recusava, cheia de medos. Depois de terminarmos, ela piorou: quando algum pretendente se aproxima, ela pensa no sofrimento que terá caso se envolva demais. Gostaria de ajudá-la, mas ela tem o "corpo fechado" para as emoções. Nem eu, que sou homem, fico com tanta precaução ao me envolver com alguém. Acho que foi por isso que não nos demos bem. O que eu poderia fazer para ajudá-la?

Não há nada que você possa fazer para ajudá-la, se ela não acha que precisa de ajuda. Não há como levar o problema dela mais a sério do que ela mesma leva.

Provavelmente, você tem razão: foi por diferenças como essa que a relação de vocês não foi adiante. No entanto, existem homens que adoram o estilo racional da sua ex, e se dariam bem com ela; assim como existem mulheres sensíveis e comunicativas, que seriam felizes com um parceiro atento e delicado como você.

Então, por que se preocupar tanto com sua ex-mulher? Se você tem a fantasia de transformá-la para retomar o casamento, esqueça. Ninguém muda para agradar ao outro. As pessoas só procuram ajuda para mudar quando sua maneira de ser causa um sofrimento maior do que o medo da mudança. Não me parece que seja o caso de sua ex-mulher, pelo menos no momento.

Por que não consigo me separar por completo do meu ex-marido? Quando vejo que ele está bem com outra, faço tudo até

que ele me encontre novamente e largue da outra. Que tipo de sentimento é esse?

Pode ser que você esteja sentindo ciúme, inveja, necessidade de controle, compulsão por competir com outras mulheres – enfim, qualquer um desses sentimentos humanos e desconfortáveis.

Tente mudar o foco do seu olhar. Que tal parar de acompanhar o que acontece com a vida de seu ex-marido e canalizar energias para cuidar da sua própria vida? Será mais fácil romper de fato essa relação se, em vez de se empenhar para que ele não fique bem com ninguém, você começar a se preocupar em estar bem com alguém.

Há um ano e meio, tive um namorado pelo qual era apaixonada, mas a relação não deu certo. Foi uma história cheia de problemas e desencontros; quando terminou, senti que havia tirado um peso dos meus ombros. Pensei que o tinha esquecido, mas sempre arranjo uma desculpa para não gostar de ninguém, coloco defeitos em todos os pretendentes ao cargo de namorado. Minha dúvida é: não apareceu ninguém de quem eu gosto, ou estou com receio de que tudo se repita? O estranho é que a história se repete: no começo, adoro o rapaz, mas depois de uma semana, já não posso nem olhar para a pessoa.

Pode ser que você tenha ido com muita sede ao pote. Quando você menciona a sensação de alívio que sentiu ao terminar esse namoro "cheio de problemas e desencontros", talvez esteja negando os outros sentimentos que essa ruptura provocou. Para haver tantos desencontros, deve ter havido outros tantos encontros; para ficar assim magoada, é provável que você tenha alimentado muitas esperanças nesse romance.

Às vezes, para diminuir a sensação de perda que uma ruptura provoca, a gente distorce as lembranças, de modo a só guardar os maus momentos, esquecendo-se dos bons. Mas com esse artifício a gente joga fora o bebê com a água do banho: negando os bons momentos que o relacionamento propiciou, ficamos também sem a possibilidade de perdoar o outro e diminuir o ressentimento. Essa mágoa acaba por envenenar a formação de um novo vínculo amoroso.

Em vez de maldizer o ex-namorado e abençoar a hora em que "se livrou" dele, procure lembrar-se também dos bons momentos e ser grata pelo que foi vivido. Isso pode trazer alguma tristeza, fazer correr algumas lágrimas, mas deixará seu coração mais leve – e o caminho aberto para outros encontros igualmente verdadeiros, com sua dose de alegrias e tristezas.

Terminei com meu namorado há três meses. Nossa relação não estava boa: havia desconfiança de ambas as partes e não tínhamos nada em comum. Ficamos juntos mais de três anos. Apesar de todos os problemas, ainda gosto dele e não consigo esquecê-lo. Descobri que ele está namorando e fiquei muito chateada. O que faço para esquecê-lo?

Quando afirma que você e seu ex-namorado não tinham nada em comum, certamente está falseando sua memória, pois não me parece ser possível que duas pessoas convivam durante mais de três anos sem ter pelo menos algumas afinidades.

Talvez o que impede você de se libertar desse relacionamento sejam justamente as boas lembranças que você nega. Ninguém sai de uma relação de tanto tempo sem passar pela tristeza da separação. Se você atropelou esse processo, tentando se convencer de que não tinha nada a perder com essa ruptura, caiu numa armadilha.

Para sair dela, permita-se reconhecer que algumas características de seu ex – tão diferentes das suas! – eram até atraentes, e não tenha medo de sofrer com isso. Só depois de viver o luto da perda será possível o renascimento emocional para uma nova relação.

Terminei meu namoro e tive um caso rápido, agora estou disposta a pedir para voltar. Estou tomando a atitude certa?

Não há escolha sem renúncias – e riscos. Quando você escolheu romper o namoro para viver um caso, deveria saber que corria o risco de ficar sem o namorado e sem o caso.

Por outro lado, não se perde nada ao pedir: ou o pedido é atendido (e a gente ganha), ou não é, e dá empate. Em outras palavras, o único risco de pedir ao ex-namorado para voltar é ele não topar e você ficar sozinha. Como, aliás, já está.

Quanto ao orgulho ferido, ou a pretensa humilhação de voltar atrás, não se preocupe. O orgulho é mau conselheiro, e só quem tem a humildade de reconhecer um erro é que pode crescer.

Vira e mexe sou convidada pela família do meu ex-namorado para festas e reuniões. Gostaria de ir, pois adoro o pessoal e quero manter essa amizade, mas sempre recuso os convites para não criar uma situação constrangedora com ele. Estou certa de agir assim?

Uma ruptura amorosa traz muitas perdas, mas não é preciso perder mais do que o necessário, nem provocar constrangimentos. Se você adora a família dele, vale a pena explicar o embaraço que os convites provocam e discutir os constrangimentos que possam causar ao seu ex, os quais talvez só existam em sua fantasia. De qualquer maneira, sempre será possível combinar encontros com esse pessoal fora das festas e reuniões em que seu ex estará presente – se é que você não quer mesmo encontrá-lo.

Tenho 24 anos e até recentemente namorava um homem separado e pai de duas crianças, que moram com ele. Nosso relacionamento era difícil, ele era inseguro e sempre achava que eu estava olhando para outro homem quando saíamos. Eu, por minha vez, não conseguia conviver com os filhos dele. Com tudo isso, por que eu sinto falta dele e continuo querendo que ele seja meu marido e pai dos meus filhos?

Parece que não é bem desse homem que você sente falta. Não é ele que você quer para marido: o que você gostaria de ter por perto é uma imagem idealizada, que sua memória construiu com os melhores pedaços desse homem, excluindo tudo o que a desagradava. Até porque, agora, com a ruptura do relacionamento, o ciúme dele não lhe faz mal algum, a desconfiança que a incomodava já não atrapalha em nada, assim como nenhum desaforo dos filhos dele a atinge. Então, você se lembra das coisas boas que perdeu, mas não das implicâncias de que se livrou.

É bom que você possa guardar uma boa lembrança dessa relação amorosa, desde que não confunda o objeto da saudade com a pessoa real, de carne e osso, com seu ciúme e sua ternura, com as tentativas de controle e os momentos de aconchego. O risco está em ficar presa a essa imagem retocada e melhorada do passado, em vez de olhar para frente e encarar as novas emoções que a vida, com certeza, lhe reserva.

Separei-me há oito meses e logo depois mudei de cidade. Tenho um filho de 11 anos e uma filha de 17. A garota não tem problemas, mas o garoto sente falta dos colegas e do bairro em que vivíamos. Por isso, manifestou o desejo de morar com o pai na cidade onde morávamos antes da separação.

Minha separação foi tumultuada, pois meu ex-marido não queria se separar e me ameaçava o tempo todo, e esse foi um dos motivos que me levaram a mudar de cidade. Iniciei um novo namoro e meus filhos aceitam, mas meu ex-marido não sabe.

Devo deixar meu filho morar com o pai, sem ter a sensação de que o estou abandonando?

A questão de deixar ou não seu filho morar com o pai deveria ser debatida com as três pessoas diretamente envolvidas, isto é, você, seu filho e o pai dele. Lembre-se de que um mau marido (sobretudo um mau ex-marido) pode ser um bom pai – alguns homens só assumem a paternidade plena depois de uma separação, quando a relação com os filhos deixa de ser mediada pela mãe.

Já o sentimento de culpa tem pouco a ver com essa decisão. É mais provável que esteja ligado ao novo relacionamento e à sua preocupação com a possível reação de seu ex-marido. Mas, morando ou não com o pai, seus filhos não podem ser cúmplices de um segredo. Não há motivo para você manter na clandestinidade uma relação amorosa. Se você não se sente livre para iniciar um namoro, talvez seja porque é você quem ainda não aceita totalmente a separação. Então, vai mesmo se sentir culpada, ainda que more em outra cidade e com todos os filhos.

Estou vivendo a pior parte da minha vida. Moro na Suíça, não falo a língua local, estou sem meus três filhos, e a minha relação com meu marido está indo por água abaixo. Não sei o que fazer para melhorar a relação, morro de saudade dos meus filhos e meu marido perdeu o interesse por sexo. Passamos quatro meses afastados, e agora que estamos juntos novamente, me sinto como se fosse um objeto, sem um carinho.

Estou tomando antidepressivos que trouxe do Brasil, para ter paciência com ele, que implica comigo o tempo todo. Tenho pouco tempo para decidir se fico aqui ou volto para o Brasil, pois meus filhos ficam loucos de saudade do pai. Não quero me sentir culpada por afastá-los do pai, mas não sei se vou conseguir dar apoio para meus filhos vivendo aqui. Preciso de uma palavra que me ajude.

Não acredito que exista alguma palavra capaz de ajudá-la, diante de uma situação tão difícil e infeliz. Ninguém pode aconselhá-la num momento complicado como o que você está vivendo, com tantas variáveis importantes em jogo. Sair do Brasil para viver num país como a Suíça não é fácil para ninguém, mesmo que tenha todo o carinho e apoio do companheiro. Criar filhos longe da família também é difícil, ainda mais se você não puder contar com a ajuda do parceiro. Se a vida está tão sofrida enquanto vocês estão sozinhos, imagine o que acontecerá com as crianças, que sem dúvida sentirão falta dos parentes, dos amigos, da escola.

Mas nenhum companheiro conseguiria substituir tudo o que você deixou aqui. Provavelmente, a todo momento você se pergunta se valeu a pena deixar seus filhos e sua terra para acompanhar o marido – e assim nada do que ele faça será suficiente para preencher todo esse vazio.

Ninguém pode escolher por você, que corre o risco de se arrepender de qualquer escolha que vier a fazer, pois nunca terá a certeza de que a vida seria melhor se tivesse feito outra escolha. Então, o que dá para fazer é juntar o máximo de informações sobre as condições de vida na Suíça e sobre seus sentimentos e os do parceiro, para ter algum parâmetro confiável em que se basear.

Se não for possível conversar francamente com seu marido sobre isso, dificilmente você poderá contar com a ajuda dele para enfrentar as dificuldades de viver com três crianças num país estranho.

Espero que você tenha a coragem necessária para arcar com sua escolha, pois precisará de muita força, qualquer que seja ela.

Sexo

Qual é a fórmula para um relacionamento sexual perfeito?

Não existe uma receita que, seguida à risca, garanta um relacionamento sexual perfeito – até porque, nessa área, não existe consenso sequer quanto ao que significa "perfeito". Cada pessoa traz na bagagem uma combinação de ingredientes, produto de sua natureza e de sua história, que faz com que o encontro sexual seja uma fonte inesgotável de surpresas.

O ajustamento não se limita a um encaixe entre genitais, ele reflete a qualidade da convivência dos parceiros, das fantasias e das ansiedades que o relacionamento mobiliza em ambos. Se o casal construir um vínculo de confiança e intimidade, as dificuldades sexuais tendem a ser resolvidas mais depressa e com menos constrangimentos. Confiança se desenvolve conhecendo e respeitando os desejos e as limitações do parceiro; a intimidade brota de um relacionamento fundado na tolerância e na ternura.

Se cada um cuidar carinhosamente do outro, o corpo se abre, sem receitas nem fórmulas mágicas. Não há uma chave-mestra para um bom relacionamento sexual: a porta de cada corpo tem sua fechadura, pessoal e intransferível.

No universo plurifacetado da sexualidade humana, o aprendizado é contínuo e constante. E, como sabem os alunos e professores de qualquer área do conhecimento, é mais fácil aprender quando o aprendizado se dá num clima de prazer pelo processo, e não de ansiedade pelo resultado.

Namoro há um ano e meio, gosto do meu namorado, mas não consigo ter orgasmo nem me soltar com ele no sexo. Esse é meu primeiro e único relacionamento sexual. Porém, consigo ter orgasmo com um aparelho de massagem por cima da calcinha e na ducha da banheira também. Conversamos a respeito e ele, que já teve outras experiências, disse que eu preciso me tocar e me conhecer para que ele possa saber do que gosto ou desgosto. Mas não sinto prazer quando eu mesma me toco. O que acontece comigo? Como posso melhorar?

O clitóris é a região mais sensível da genitália feminina. Tão sensível que, quando a excitação ultrapassa certo limiar, o órgão se protege da estimulação direta (que seria dolorosa), escondendo-se atrás do Monte de Vênus (aquela saliência por baixo dos pelos pubianos). A estimulação por cima da calcinha pode levar ao orgasmo, porque assim o clitóris não é atingido diretamente.

Acho que você conhece bastante bem seu corpo. Seu namorado é que precisa descobrir que, no que tange à sensibilidade feminina, ele não é tão sabido quanto pensa. O que falta para o relacionamento sexual com seu parceiro melhorar é vocês se permitirem a aprender juntos, sem guias nem sabichões, simplesmente brincando e explorando esse interessante parque de diversões que é o corpo sensível.

Tenho 40 anos, a minha vida sempre foi difícil. Meu pai era alcoólatra, minha mãe trabalhava para sustentar a família e eu vivia na casa de vizinhos ou parentes. Minha relação com minha mãe até hoje é difícil, mas cresci, estudei e trabalho há mais de vinte anos.

Nunca consegui ficar muito tempo com um namorado, pois alguém sempre atrapalhava meus relacionamentos. Voltei a estudar e hoje curso a Faculdade de Turismo e Hotelaria. Um amigo sempre me convidava para sair e um dia resolvi aceitar, mas eu era virgem e não consegui ter relações com ele, que não foi sensível em perceber isso. Conheci outro rapaz, eu havia tomado a decisão de que não poderia esperar mais e, na terceira vez que saímos, fomos para um motel. Foi bom, mas não sei se ele percebeu que eu ainda era virgem. O tempo passou, ele não me procurou mais, e eu soube que ele estava trocando telefonemas com uma colega minha. Sofri quando percebi que estava sendo enganada e hoje ainda tenho esperança de revê-lo, pois acho que será difícil conseguir me entregar da mesma forma a outra pessoa.

Por que você se considera enganada? Nada indica que esse moço lhe tenha prometido amor eterno, e o que vocês viveram parece que foi bom e importante para você. Não deixe que o desapontamento por não ter suas expectativas atendidas envenene os bons momentos que vocês tiveram.

Foi você mesma que escondeu o fato de ser virgem (por que acha que há algo de vergonhoso nisso?), e assim ele não pôde avaliar o significado que o episódio teve para você. A decisão de não esperar mais e de ir para o motel no terceiro encontro, tal como você descreve, faz pensar que você não levou em conta nem o parceiro nem a qualidade do vínculo. Então, não há do que se queixar nem se sentir enganada, a menos que você tenha se enganado sozinha.

Em outras palavras: essa história não justifica que você agora não consiga se "entregar da mesma forma" a nenhum outro homem. Os homens não a traíram, foi você quem não quis assumir claramente o fato de ser virgem e a importância que dava ao encontro. Antes de culpar o outro e usar isso como desculpa para se esconder da vida, procure lembrar-se: naquele momento, desfazer-se do "fardo" da virgindade não seria mais importante para você do que o relacionamento com esse parceiro?

Sou homossexual e tenho uma namorada há cinco anos; nos amamos, mas já não temos tanto tesão uma pela outra. O que fazer para que volte esse interesse? Será que foi a rotina que acabou com nosso tesão? Às vezes, fazemos amor apenas duas vezes no mês e sei que isso não é o normal em um relacionamento de pessoas que se gostam. Tenho 30 anos e ela 22.

A normalidade de um vínculo amoroso não é avaliada por dados estatísticos. Ninguém pode definir quantas vezes por semana, por ano ou por dia um casal deve transar para receber o carimbo de "normal". Só os parceiros podem dizer se a relação está satisfatória ou não – e esse é o único parâmetro que vale.

No mais, o amor é assim mesmo: algumas fases são marcadas por arroubos de paixão; em outras, o afeto parece escolher outros canais para se expressar, como a ternura ou a cumplicidade. Meu conselho é que vocês procurem desenvolver esses canais em vez de se preocupar com frequências e médias.

Ou será que você está, por algum outro motivo, especialmente preocupada com o carimbo da normalidade?

Faz mal transar durante a menstruação?

Essa questão pode gerar desencontros e sofrimento. Algumas mulheres ficam constrangidas quando o parceiro insiste em ter relações sexuais durante o período menstrual, enquanto outras se sentem rejeitadas quando o companheiro não quer uma aproximação maior quando elas estão menstruadas. Alguns homens se queixam de que a parceira usa o fato de estar menstruada como pretexto para evitar o ato sexual, justamente numa fase em que a fertilidade é nula e deveria ser aproveitada para uma relação mais solta, sem a necessidade de anticoncepcionais.

Do ponto de vista fisiológico, não há nada que impeça o ato sexual durante a menstruação. Também não há nada que obrigue a isso. É preciso ouvir o corpo e respeitá-lo em sua disposição e apetites. Os incômodos mútuos não deveriam ser interpretados como barômetros da qualidade da relação amorosa. Durante a menstruação, a mulher pode sentir que seu corpo não está nas melhores condições para uma entrega amorosa, o que não significa que ela não confia no companheiro, nem que deixou de amá-lo.

Em nossa cultura, o sangue é considerado um sinal de morte, de perigo. É raro o homem que não tenha, entre as lembranças de infância, algum episódio ligado ao segredo feminino, partilhado pelas mulheres da casa, do qual ele estava excluído – o que fazia com que se sentisse rejeitado e incompetente. Quando adulto, ao se deparar com uma mulher menstruada, essas emoções da infância podem provocar um desconforto que o faz evitar um encontro mais íntimo com esse mistério.

Isso não significa que ele sinta repugnância pela parceira – nem é prova de desamor.

Se o casal tem de fazer uma leitura de sinais, procurando por indícios de amor ou desamor, provavelmente os parceiros não estão à vontade para discutir abertamente o que leva cada um a se sentir inseguro ou ameaçado. O relacionamento só tem a ganhar se o casal se dispuser a pesquisar a verdadeira fonte de desconfiança mútua, em vez de atribuir significados ocultos a escolhas que deveriam ser respeitadas.

Tenho 22 anos e estou no meu segundo relacionamento. O primeiro durou três anos, estou há quase um ano no segundo, e nunca tive orgasmo com a penetração. O que faço?

Há muita polêmica em torno do orgasmo feminino, mas felizmente ainda não existe um decreto que obrigue uma mulher a ter prazer em determinada região (no clitóris ou na vagina), ou numa condição específica (com ou sem penetração). A região mais sensível do aparelho genital feminino é o clitóris – e o prazer se origina e se intensifica com a estimulação dessa área. A penetração pode acrescentar um tempero extra, mas não é condição para o prazer da mulher.

No entanto, o principal órgão sexual dos seres humanos (homens e mulheres) é o córtex cerebral – que pode tanto ser um aliado como um inimigo no momento da transa. Se a cabeça assumir o comando para determinar o roteiro a ser seguido e impuser um padrão para o encontro amoroso, são menores as chances de a experiência ser prazerosa.

Talvez seja isso o que esteja acontecendo com você. O que fazer? Relaxar e aproveitar, sem se preocupar com modelos de prazer.

Estou casada há trinta anos. Desisti de transar com penetração, pois nunca tive orgasmo, mas meu marido nunca percebeu. Digo que prefiro sexo oral, mas odeio; atualmente, sinto nojo até de ser tocada. Ele me acha fogosa e imagina que adoro sexo, mas só chego ao orgasmo quando eu mesma manipulo meu clitóris. Quero reverter essa situação.

Então, que tal reverter a situação? Não se sinta culpada: todas as mulheres começam a ter prazer sexual pela autoestimulação do clitóris. Só mais tarde a sensibilidade se transfere para o canal vaginal, à medida que a relação com o parceiro se dá com mais liberdade e confiança.

Mas parece que você não acredita que falar abertamente de suas preferências possa colaborar para o desenvolvimento do relacionamento sexual. Não sei por que você criou essa imagem de "fogosa", que realmente não contribui em nada para aumentar a intimidade do casal. E agora aí está você, vivendo uma situação que não lhe agrada, enquanto o parceiro está crente que atende a um desejo seu. Ainda está em tempo de reverter essa situação. Não é preciso mencionar os trinta anos de engodos, mas sempre é possível sugerir mudanças, que podem ser atribuídas a uma nova etapa da vida.

Espero que seja isso mesmo: uma nova etapa da vida íntima do casal, em que segredos e mentiras se transformem em abertura e comunicação.

Tenho 23 anos e sou casada há quase dois anos. Começamos a namorar quando eu tinha 16 anos e com 21 anos me casei, ainda virgem. Todas as vezes que faço amor com meu marido, não consigo gozar com a penetração: para eu ter orgasmo, é preciso estimular meu clitóris. Até agora menti para meu marido, dizendo que tinha orgasmo, mas agora decidi contar a verdade. O problema é que, desde então, todas as vezes que vamos fazer amor, ele fica preocupado, porque é como se já soubéssemos o final.

Isso é normal? Existe solução para esse problema? Será que agora corro o risco de ser traída?

Não há nada de errado com você: para todas as mulheres, o clitóris é o principal centro de excitação sexual. O fato de ter mentido para o parceiro, fingindo orgasmos que não tinha, foi um desperdício de tempo e esforço, pois sem essa mentira não seria preciso tanta solenidade para contar "a verdade" e haveria menos desgaste emocional para ambos. Mas nada disso é grave se vocês se dispuserem a descobrir, juntos, as fontes de prazer que o corpo oferece. Lembre-se: orgasmo é apenas a estação final de uma viagem em que a paisagem do caminho é, muitas vezes, mais importante do que o ponto de chegada.

Quanto à possibilidade de ser traída, essa faz parte dos riscos de uma relação amorosa, com orgasmos ou não. Existia antes e existirá sempre, ainda que você tivesse orgasmos cósmicos.

Como saber se a mulher **realmente** teve um orgasmo? A informação de que disponho é que uma pequena região perto do pescoço fica vermelha – e aí não resta a menor dúvida!

Não acredite em mitos desse tipo! O sucesso de uma relação sexual não se define por sutilezas de marcas como essa. Se você tem dúvidas quanto à satisfação de sua parceira, é melhor fazer essa pergunta diretamente a ela, em vez de tentar adivinhar por meio da interpretação de sinais.

Mas você reforça a palavra "realmente", como se temesse ser tapeado. Por que você acha que sua companheira pode enganá-lo? Que motivos ela tem para fingir a satisfação sexual? Por que não confia nela? Será que você se mostra ansioso demais quanto a seu próprio desempenho, a ponto de levá-la a fingir o orgasmo para que não fique desapontado?

Enfim, sua preocupação em procurar pistas para esclarecer essa dúvida me faz pensar que sua experiência é mais teórica do que prática. Então, não se angustie: você saberá se a relação está agradando sua parceira se ficar atento a ela, se ouvir o que o corpo dela está pedindo e o que o seu está querendo oferecer – em vez de procurar por sinais secretos em áreas misteriosas.

Tenho dificuldade para ter orgasmo, e antes meu parceiro era compreensivo e se preocupava em me satisfazer. Hoje, não dá a mínima, quer apenas que eu o satisfaça, sem se preocupar comigo. Para mim, é difícil, porque eu o desejo e gosto de satisfazê-lo. Mas, ao mesmo tempo, sei que não vou ter o que quero.

Já tentei conversar, mas ele se esquiva. A internet é um problema, pois ele acorda cedo e fica vendo fotos de mulheres nuas. Fico chateada, pois me sinto trocada – acho que ele se masturba. Se me amasse de verdade, não faria isso, porque

sabe que me sinto arrasada. Briguei com ele, mas ele só diz: "Deixe de viagem".

Sou jovem, bonita e me sinto rejeitada. Se ele precisa apimentar a relação, deveria falar comigo. Poderia alugar uma fita erótica para vermos juntos, pedir que eu realizasse uma fantasia dele ou me levar a um motel. Desde que nos casamos, não fomos mais a um motel. Ele é ciumento, mas não se preocupa em me satisfazer.

Tive alguns namorados, mas ele foi meu primeiro homem, por isso não sei lidar com essa situação.

Parece que esse vínculo não suporta a perda da idealização da fase do namoro e não consegue se defender dos desgastes do cotidiano. Isso se reflete na relação como um todo, não só na esfera da sexualidade mas também na comunicação sexual, que costuma ser a primeira faceta da relação a dar o alerta, pois é a área de maior intimidade de um casal.

Quando os parceiros se fecham em ressentimentos e mágoas, ambos com a sensação de que o outro está levando vantagem, não adianta procurar culpados e arrolar acusações. Quem for mais sábio será o primeiro a tomar a iniciativa de interromper as lamúrias e procurar novos canais de aproximação. Afinal, a convivência é um aprendizado longo e complicado, tanto mais quanto maior for a idealização do tempo de namoro. No entanto, enfrentar essa dificuldade é mais produtivo do que virar as costas e partir para outro relacionamento (que provavelmente chegaria a um ponto parecido). Se viver a dois não é fácil, viver sozinho também é difícil.

Enquanto a esperança for maior que o ressentimento, vale a pena investir na relação, pois esse é um processo em que a gente cresce e amadurece. Trocar de parceiro sem fazer uma revisão interna dos próprios recursos e das possibilidades do relacionamento levará a uma repetição do mesmo enredo, ainda que com outro interlocutor.

Estou casada (bem casada!) há cinco anos. Meu marido é atencioso, carinhoso e fiel. Conversamos sobre tudo, tomamos em conjunto as decisões importantes. Nosso relacionamento sexual é bom, embora menos frequente do que eu gostaria. Mas fico inibida de procurá-lo, pois tenho receio de constrangê-lo. No relacionamento sexual, a iniciativa ainda cabe aos homens?

Por mais que os parceiros conversem de igual para igual sobre todos os assuntos, é possível que, na cama, o enredo mude. Essa situação não é rara, acontece com muitos casais, pois nessa área o que está em ação já não são os processos racionais, intelectualizados e amadurecidos da personalidade, mas sim os aspectos mais primitivos, menos elaborados, mais distantes do controle consciente.

Quando um homem procura sexualmente a parceira, é ele quem escolhe o momento, a partir de algum aquecimento interno. Ao esboçar o primeiro gesto de aproximação, ele já percorreu uma parte do caminho – e isso faz com que sinta que tem algum domínio sobre a situação. Quando é a companheira quem o procura, a hora é definida por ela – a ele cabe responder.

A afirmação de que cabe aos homens tomar a iniciativa no sexo não pode ser levada ao pé da letra. Muitos homens se queixam exatamente do contrário, isto é, lamentam que se sentem como pedintes, porque sempre lhes cabe iniciar os jogos sexuais e, assim, nunca têm a oportunidade de se sentirem desejados. Não sei de onde você tirou a ideia de que uma iniciativa sua iria constrangê-lo, quando a reação dele pode ser o oposto do constrangimento.

Nessa coreografia, o importante não é discutir quem vai começar a dança, mas como cada um interpreta as mensagens do companheiro: o mesmo gesto pode ser entendido como um convite ou uma cobrança, um movimento de aproximação pode ser o início de um episódio de sedução ou de uma cena de estupro.

Se você tomar a iniciativa sempre que estiver interessada, seu companheiro vai aprender a conhecê-la melhor. E, se você puder aceitar o eventual desinteresse dele, sem se sentir magoada nem rejeitada, vai deixá-lo mais à vontade para expressar o que sente – e vocês ficarão mais próximos.

Meu parceiro insiste em praticar sexo anal comigo. Isso é normal?

Em matéria de sexo, pode ser considerado normal tudo o que dois adultos fazem de forma consentida, sem constrangimentos nem opressões. A questão é saber se você também gosta dessa forma de relacionamento sexual. Não é preciso atribuir anormalidades, nem chamar o parceiro de tarado para se recusar a fazer o que não lhe dá prazer. "Eu não gosto disso" ou "Eu não quero fazer isso" devem ser argumentos suficientes para ambos procurarem outra forma de prazer, que satisfaça aos dois. Afinal, o repertório sexual é suficientemente amplo para permitir que se encontre algum caminho que agrade a ambos.

Meu parceiro gosta de sexo virtual. Devo permitir?

Você não tem nada que permitir ou proibir, você não é mãe dele. Entre dois adultos, não cabem permissões e proibições. Ele não precisaria nem falar sobre esses gostos, se você não está sendo convidada a participar deles. Eu perguntaria o que ele espera que você faça com essa informação. Será que é ele quem está pedindo sua permissão?

Ele não quer mais transar. O que está acontecendo?

O ato sexual é apenas um dos muitos caminhos pelos quais o amor se expressa – e há fases em que a paixão cede lugar a sentimentos menos exuberantes, mais ternos. Como estão as outras áreas do relacionamento do casal: há intimidade, proximidade, carinho?

Se você vem perguntar a mim o que está acontecendo, em vez de perguntar a seu parceiro, desconfio de que vocês estejam descuidando da intimidade e da confiança, que são as condições fundamentais para uma vida sexual satisfatória. É mais provável manter um relacionamento sexual intenso e prazeroso quando o vínculo é continuamente alimentado por interesses partilhados e emoções acolhidas.

Que problemas psicológicos podem ocorrer com um adolescente que contrai o HIV?

O vírus em si não provoca alterações psicológicas: o que abala a vida de uma pessoa é a descoberta de estar contaminada. Imagino que você queira saber o que se passa na cabeça de um adolescente que descobre ser portador do vírus.

Essa revelação é assustadora em qualquer etapa da vida, mas algumas características da adolescência fazem com que, nessa fase, tudo seja especialmente intenso, de modo que as mesmas sensações que perturbam um adulto são vividas pelo adolescente com cores mais fortes.

Como o jovem acredita ser onipotente, invulnerável e, portanto, imune aos perigos da vida, o contato com a perspectiva da morte é intolerável para ele – e todos os mecanismos de defesa são ativados para atenuar essa descoberta. O mais provável é que, depois de uma fase de negação do diagnóstico (atribuído a erro médico ou do laboratório), sobrevenha um período de depressão, durante o qual os caminhos da intimidade ficam bloqueados. Esse momento de recolhimento e introspecção é fundamental para a elaboração do sentido da própria mortalidade, processo importante para que se possa refazer o pacto com a vida. Hoje existem remédios eficientes para que o paciente possa viver melhor, mas que exigem dele um envolvimento intenso e contínuo – o que só é possível se o paciente for movido pela esperança.

É aí que o adolescente leva vantagem: se o processo de elaboração da própria fragilidade for bem-sucedido, ele terá armas melhores para mobilizar suas forças para essa batalha.

Temos 15 anos de casados. Passei por problemas de saúde (quatro cirurgias em um ano) e, depois disso, minha mulher não quis mais fazer sexo. Isso acontece há quase um ano. Ela diz que não sente desejo. Considero que sexo é fundamental na vida de um casal. Minha mulher pode estar com algum problema sério? O casamento acabou? O que fazer?

Não sei a que problemas de saúde você se refere, mas, se passou por quatro cirurgias em um ano, não deve ter sido nada simples. Talvez a "falta de desejo" de sua mulher seja um reflexo da preocupação dela com sua saúde, temendo que você talvez esteja com um "problema sério", com medo de que a relação sexual possa provocar efeitos indesejáveis em seu organismo ainda frágil. Também pode ser que ela esteja captando uma preocupação que é sua, pois uma convivência de 15 anos faz com que às vezes o casal funcione como vasos comunicantes, em que um dos parceiros expressa o que o outro está sentindo.

Se não for isso (o que pode ser esclarecido com uma conversa aberta), talvez você esteja levando a recusa dela muito a sério. Às vezes, nesse contexto, o "não" quer dizer "assim não", ou "agora não". Exerça seu poder de sedução, chegue mais perto, procure e ofereça aconchego. Vai ver que, com tantas cirurgias e hospitais, vocês estejam simplesmente destreinados.

Tenho uma filha de 2 anos, mas não sou casada e não moro na mesma casa que o pai dela. Estamos juntos há seis anos e antes de a menina nascer sempre nos demos bem no sexo. Depois que ela nasceu, ficamos cerca de oito meses sem ter relações, porque eu não sinto falta. Essa situação me

incomoda e ele reclama muito comigo. Tenho medo que ele vá procurar outra.

O desejo não é um objeto que a gente encontra de vez em quando na gaveta da mesinha de cabeceira. Ele nasce e cresce no encontro, no contato, na abertura dos parceiros um para o outro. Mas, para que essa abertura aconteça de verdade, é preciso que haja confiança entre os parceiros. Se você está insegura quanto à relação, seu corpo expressa essa insegurança se fechando para o companheiro – a quem você se refere, na carta, apenas como o pai de sua filha, e não como seu parceiro.

A maternidade provoca mudanças imprevisíveis na cabeça de uma mulher. Pode ser que a situação de morar em casas separadas tenha ficado menos confortável depois do nascimento da menina, talvez agora você queira ter com seu companheiro uma situação mais definida, menos instável. Vai ver que, negando-se a ter relações, você, sem perceber, esteja montando um teste, para confirmar se pode confiar nesse vínculo, como se desconfiasse de que o interesse do parceiro por você se limitasse ao sexo.

Ciúme

Terminei um relacionamento de um ano e dez meses, mas ainda o amo, e sei que ele também me ama. Mas sou muito ciumenta, e ele também. Terminamos porque eu me correspondi com um amigo virtual, e ele achou que eu o estava traindo. O que faço agora?

É doloroso constatar que o amor não é suficiente para garantir a permanência de uma relação: é também preciso que os parceiros estejam abertos um para o outro, dispostos a construir, juntos, um vínculo de confiança e respeito mútuo. Você pode acreditar que seu namoro terminou porque se correspondia com um amigo virtual, mas o fato é que num relacionamento em que os parceiros estão imobilizados, numa posição desconfiada e infantil, não há espaço para crescer e evoluir. Sacuda a poeira e parta para outra, de preferência com uma postura mais aberta e menos rígida.

Estou casada há 12 anos, meu marido trabalha comigo, e há seis meses descobri que ele conheceu uma moça na sala de bate-papo e que ela o procurou na nossa empresa. Desde então, não consigo ser a mesma pessoa, apesar de ele me dizer que era somente amizade.

Eu o amo muito, mas não consigo aceitar que ele troque confidências com outra pessoa. Estou ficando amargurada, tenho crises de depressão. Revendo meu relacionamento com ele, sinto que deixei meus valores e minhas crenças por ele e hoje não consigo ter minha própria identidade.

O que você está sentindo é o mais humano dos sentimentos: chama-se ciúme, e não há por que ficar assustada. A despeito de todas as conversas que tentam rebaixar o ciúme, acusando-o de ser um sentimento menor, essa emoção é uma das mais primárias na história de vida de cada um de nós: tem a ver com uma criança pequena que chora, desamparada, invadida por fantasias de abandono, do lado de fora da porta fechada do quarto dos pais.

A atitude de quem se vê tomado por esse sentimento depende do repertório de cada um. Você não pode pretender que uma emoção sua sirva de parâmetro para a conduta de seu companheiro. Entre os comportamentos extremos de bloquear a emoção, fingindo que ela não existe, e o de se transformar em carcereiro ou cão farejador, existe o universo do bom senso. Vale falar com seu marido sobre o sofrimento e o medo que você sente, mas isso não significa que possa exigir o que quer que seja, além de acolhimento e compreensão.

A questão está em descobrir se você consegue ter um casamento real, não idealizado, que comporte emoções difíceis, como o ciúme, e tolere o fato de que você e seu parceiro são pessoas com interesses independentes e vivências nas quais o outro não está necessariamente incluído. Isso não é fácil, ainda mais quando o casal tem tantos territórios partilhados (trabalhar juntos é sempre um complicador no casamento...). Um casal que tem uma convivência tão intensa precisa de pontos de respiro, em que cada parceiro possa reafirmar a própria individualidade. Talvez seja exatamente isso o que está faltando a você, que abriu mão de seus valores e crenças em nome desse relacionamento. Mas o fato de você ter feito tantas renúncias não a autoriza a esperar o mesmo do parceiro.

Há dois anos comecei a namorar um rapaz e ficamos noivos. Um dia ele me viu conversando com outro rapaz e achou que eu o havia traído. Eu nunca faria isso, eu o amava demais, mas terminamos. Oito meses depois, reatamos o namoro, mas sem o noivado. O problema é que minha mãe não o suporta e pede para eu terminar o namoro, pois acha que vou sofrer amargamente se continuar com ele. O que eu faço?

O que será que sua mãe vê de tão ameaçador nesse homem, a ponto de não o suportar? E você, o que será que vê nele, para ficar assim tocada pela opinião de sua mãe? Para que as palavras de outra pessoa tenham esse peso, é preciso que encontrem algum eco dentro de nós. E mãe é danada para captar alguns sentimentos que a gente tem, mas não quer reconhecer.

Por exemplo: ele já demonstrou ser uma pessoa desconfiada, que inventa fantasmas a partir de muito pouco. É você mesma quem diz que ele criou a maior encrenca simplesmente porque a viu conversando com outra pessoa. Se esse episódio foi como você descreveu, está claro que ele não é alguém com quem seria fácil conviver.

Ninguém está livre de sofrimentos, eles fazem parte da vida de todo ser humano. Mas alguns sofrimentos são previsíveis e até evitáveis. Talvez sua mãe esteja querendo ajudá-la a ver o que você mesma já viu, mas não quer admitir. Afinal, acredito que você tenha sido a principal fonte de informações para sua mãe formar essa imagem negativa dele.

Não tenha medo de olhar para dentro de si. Nem de ter, com sua mãe, uma conversa de verdade. Não adianta querer que ela se cale, se o que ela diz está sendo repetido por uma voz dentro de você. Essa voz interior não se cala enquanto não for ouvida e levada a sério.

Estou passando por uma crise em meu relacionamento e acho que o problema sou eu. Namoramos há 11 meses e tenho certeza de que ele me ama. Porém, sou muito ciumenta, sinto-me insegura e com medo de ele se interessar por outra mulher. De tempos em tempos, cismo com alguma conhecida e acho que ele tem atração por ela. Quando comento minhas preocupações, ele acha graça e diz que não tem nada a ver, mas mesmo assim continuo com o pé atrás.

Há algum tempo tivemos sérios problemas com uma ex-namorada que o perseguia dizendo que estava grávida dele. Ele se encontrou com ela umas três vezes para resolver o assunto e não me contou. Desde então, passei a ter essas desconfianças e até hoje ela liga pra saber como ele está. Isso me deixa deprimida, e choro compulsivamente. Gostaria de saber por que tenho essas crises de choro. Às vezes, penso em procurar um médico, mas depois passa.

Não há garantias na relação amorosa, o risco da perda é inerente a esse enredo. Mas parece que você ainda acredita que existe uma palavra mágica – vinda de mim, do namorado, de quem quer que seja – que vai tranquilizá-la, livrando-a de toda a angústia. Só que isso é impossível, pois o desassossego vem de saber que o parceiro, por mais amado e amante que seja, não faz parte da gente, não é um prolongamento de seus desejos, mas sim outra pessoa, cuja vida não podemos controlar – nem mesmo conhecer completamente.

Você precisa aprender a conter suas emoções, dar conta de seus sentimentos, ainda que seja penoso. Precisa reconhecer que o parceiro não tem muito a ver com isso: nada do que ele faça ou diga terá o poder de devolver sua paz.

Não adianta procurar o equilíbrio ou o desequilíbrio nos outros (namorado, amigas, conhecidas, ex-namorada do namorado). Só mesmo um esforço pessoal interno poderá torná-la mais compreensiva e tolerante – não com o que se passa com ele, mas com você mesma. Uma terapia pode ajudá-la a percorrer esse caminho de forma menos dolorosa e mais produtiva.

Namoro um empresário há seis anos. Há três trabalhamos juntos, mas ultimamente não o deixo em paz um minuto. Ele diz que não aguenta mais. O que eu faço?

Que tal deixá-lo em paz? Afinal, depois de seis anos, o namoro entre duas pessoas adultas e financeiramente competentes (como imagino que vocês sejam) já teria condições de se transformar num vínculo mais sólido, com projetos de permanência. Se isso não aconteceu, talvez seja porque a convivência cotidiana, no ambiente de trabalho, serviu para ele comprovar que você fica intoleravelmente sufocante com a proximidade.

Se você não consegue deixá-lo em paz, é bastante compreensível que ele não aguente mais. Ninguém aguenta uma parceira grudenta. E se há alguma coisa nesse relacionamento que a faz se sentir insegura, a ponto de virar esparadrapo ou cão farejador, trate de descobrir o que é, para poder mudar de conduta ou de rumo.

Não tenho sorte com os homens, todos que conheço têm namorada, ou ex-namorada, o que é pior! O que eu faço? Estou quase ficando louca...

Não enlouqueça por tão pouco. Não existe essa de ter ou não ter "sorte com os homens". É claro que os homens que você conhece têm namorada ou ex-namorada. Posso adiantar que os homens que você não conhece, desde que já tenham passado da puberdade, também se incluem numa dessas categorias. (Você não tem nenhum ex-namorado?)

Mas por que a existência de outra mulher, na vida ou na lembrança dele, se transforma num empecilho tão dramático para uma aproximação? Uma relação floresce ou murcha em resposta ao que se passa entre os parceiros, tudo mais é cenário. Trate de olhar para suas próprias expectativas ao se aproximar de um homem, observe seu comportamento, converse com amigos homens (Você tem algum?) e não se preocupe com outros personagens desse enredo, que ainda nem foi escrito.

Sei que deveria confiar no meu namorado, mas, quando o vejo conversando com as amigas dele, fico insegura e morro de ciúme. O que faço para não deixar que isso atrapalhe nosso relacionamento?

O ciúme é uma das emoções mais arcaicas da história de vida de cada um de nós – e não está ligado a posses, capitalismos e latifúndios, ou contas bancárias. Só quem não tem umbigo não conhece o ciúme, pois quem viveu, dentro do ventre materno, a experiência de completude vai guardar para sempre essa nostalgia.

O parceiro não é responsável pelo que sentimos. Para que a insegurança (inerente a todos os humanos) e o ciúme mortal não atrapalhem o relacionamento, a única coisa a fazer é aprender a conter os próprios sentimentos e lidar com a insuportável ideia de que, no amor, não existem garantias.

Um dia liguei para o celular do meu marido, que havia saído por meia hora para resolver problemas do trabalho. Quando ele atendeu, percebi que estava no carro e conversava com uma mulher. Eles riam muito. Comecei a gritar no celular para que ele me ouvisse. Desliguei, tive uma crise nervosa e chorei muito. Logo depois, ele chegou, e perguntei aonde tinha ido, além do trabalho. Ele mentiu dizendo ter vindo direto para casa. Contei do meu telefonema, da música, das vozes. Ele, assustadíssimo, não sabia o que dizer. Mas depois confessou que uma garota sorriu para ele no ponto de ônibus e ele resolveu lhe dar uma carona. Mas arrependeu-se no meio do caminho, e apenas deixou a garota na rodoviária e veio embora. Acredito que isso seja verdade, mas perdi a confiança nele e a nossa vida não é a mesma desde esse dia. Ele não quer falar no assunto e diz nunca ter me traído. Estou confusa e nunca conversei sobre isso com ninguém. Sou casada há 15 anos. Gostaria de uma orientação.

É doloroso constatar que, por mais profundo e antigo que seja o relacionamento de duas pessoas, a intimidade entre elas tem um limite. São tantos os mitos sobre a alma gêmea e metades da laranja, que a gente acaba se esquecendo de que o ser amado não é uma continuação nossa, mas sim outra pessoa, com uma vida que não conhecemos nem controlamos.

Seu choro e sua crise nervosa depois do telefonema provavelmente vieram da constatação de que ele podia estar com outra pessoa, até podia rir com outra pessoa, sem que você participasse ou soubesse disso. Você diz que, a partir desse episódio, perdeu a confiança nele, mas, na verdade, o que está perdendo é a falsa segurança de que, ao contrário do que acontecia com os reles mortais, o relacionamento de vocês estava blindado contra qualquer ameaça.

Entendo que seu marido não queira mais falar sobre o assunto. Nada do que ele disser numa conversa poderá devolver a confiança, depois de passar pelo filtro de uma escuta desconfiada.

O valor de um relacionamento e a sinceridade do parceiro no vínculo amoroso só podem ser aferidos a partir do que acontece entre os dois, dentro do vínculo, sem fantasias nem ansiedades sobre o que se passa na ausência. Então, você não tem outra saída: ou acredita no amor de seu marido e se esquece do tal telefonema, ou vai acabar enlouquecendo.

Afinal, quanto vale um episódio desses diante de 15 anos de um bom relacionamento?

Preconceito

Desde que descobri que sou portadora de uma rara e incurável doença do sangue, não sou mais a mesma pessoa. Meu maior sofrimento não é causado pela doença, pois minha hematologista me ensinou a chorar e a lutar contra o mal, com as armas da ciência. Mas como entender o preconceito? Como estou cuidando do corpo e emagreci 15 quilos, alguns acham que tenho aids: fui a uma festa, e as pessoas se levantaram e mudaram de lugar quando me aproximei.

Dizem que estou morrendo de câncer. Pessoas que eu imaginava serem amigas deixaram de me telefonar. Fiz análise por 15 anos, mas desisti, talvez por covardia. Depois, criei coragem e passei a fazer terapia com a terapeuta do hospital. Tenho 42 anos e estou fazendo cursos e planos. Muitos se espantam com isso, como se não houvesse o amanhã e eu não devesse fazer planos.

Uma doença grave oferece a oportunidade inestimável para cada um descobrir a própria fragilidade e, paradoxalmente, a própria força – além de perceber como os outros lidam com isso. Algumas descobertas podem ser frustrantes, mas os amigos não têm culpa se a gente inventou que eles eram mais fortes ou mais sábios do que na realidade são. Provavelmente, eles também gostariam de ser melhores, mas nós, seres humanos, somos assim mesmo: a doença do outro nos assusta, pois nos lembra de que nós também somos vulneráveis – e nem todos sabem lidar com isso.

Talvez esse raciocínio a ajude a entender as raízes do preconceito. Mas compreender racionalmente o preconceito não significa que você vá deixar de sofrer com ele. Lembre-se de que o preconceito é também uma forma de doença – e quem sabe você consiga se tornar um pouco mais tolerante com essa fraqueza alheia.

Meu filho caçula desde pequeno se interessou por mulheres mais velhas, e chegou até a cantar minhas amigas. No início, pensei que fosse brincadeira, até que um dia ele me apresentou a namorada: uma mulher de 48 anos. Ele, aos 23, está pensando em casar. Notei a seriedade do namoro e gostaria de saber o porquê dessa atitude dele. Seria um caso de Édipo mal resolvido?

Não dá para saber o que leva uma pessoa a escolher uma parceira para a vida, mesmo quando ela jura que se apaixonou por aqueles olhos verdes ou pelo vulto de bailarina daquela mocinha. Tudo isso é pura invenção para fugir do mistério que nos faz decidir que aquela pessoa, e não qualquer outra, será capaz de nos fazer feliz. Interpretar uma escolha como "Édipo mal resolvido" (e o que seria um Édipo "bem resolvido"?) ou por meio de qualquer outra banalização do jargão psicanalítico não torna a explicação mais profunda nem menos falsa. Seu filho é um homem adulto e, se for independente financeiramente, vai se casar quando e com quem ele decidir.

Experimente conhecer a namorada dele, em vez de olhar a certidão de nascimento dela. É possível até que você goste da escolha que ele fez. Mas, mesmo que não goste, procure respeitá-la.

Depressão

Ultimamente tenho acessos de choro, e começo a pensar no que eu poderia fazer melhor, em como ajudar as pessoas, como agradá-las... Com isso, acabo me sentindo culpada e choro. Outro dia, estava trabalhando e me deu um aperto, uma vontade de ir pra casa. Então, comecei a chorar. Isso pode ser depressão?

Pode ser que seja depressão, e vale a pena procurar um profissional que possa fazer um diagnóstico.

Mas também pode ser que você esteja apenas com preguiça: enquanto se culpa e chora, nada faz de concreto para mudar sua situação ou a do mundo. Parece-me que você está confundindo secreções, colocando lágrimas onde o suor obteria resultados mais úteis. A descoberta de que poderia ser uma pessoa melhor se fosse mais produtiva e participativa, provavelmente, aplica-se à maioria das pessoas. Mas só tem valor se servir de motivação para você procurar caminhos que transformem a inquietação e o desconforto em trabalho e participação.

O mundo não está precisando de mais culpas nem de mais lágrimas. Está, sim, carente de ações objetivas de pessoas lúcidas e de boa vontade que, como você, não gostam da injustiça e se preocupam com os outros. Pre-ocupar-se, porém, não leva muito longe. Procure se ocupar com essas questões – e seja mais uma aliada das forças do Bem que estão tentando tornar esse mundo melhor.

Sou diabética, e perdi meu filho com três meses de gravidez. Já faz dois anos que tenho medo de engravidar, e tenho medo de

tudo, até de sair de casa. Faço tratamento com antidepressivo, mas, mesmo assim, a lembrança daquele dia horrível não me sai da cabeça. Sei que só vou melhorar quando tiver meu filho.

A experiência de perder um filho é das mais dolorosas – e não existem defesas adequadas para superá-la, pois ela felizmente não faz parte do repertório da natureza. Quando a vida dá certo, os filhos é que choram a perda dos pais, e não o inverso. Mas vamos colocar o drama na proporção real: você está falando de um aborto no primeiro trimestre de gestação, o que não é um evento muito raro. Sem dúvida, isso é doloroso, mas não é o mesmo que perder um filho.

O tempo é um bom aliado, mas não é o único. A medicação também ajuda, mas, para digerir as lembranças e diminuir o sofrimento, você precisa de ajuda terapêutica. Depois de ter um bebê saudável você se sentirá melhor, mas, para enfrentar uma gravidez, você precisa estar suficientemente bem.

Imagino que você faça tratamento para diabetes, pois é mesmo fundamental manter a doença sob rigoroso controle para poder engravidar. Se um acompanhamento psicológico não faz parte de seu tratamento e você não tem condições de pagar uma terapia num consultório particular, procure atendimento em uma Faculdade de Psicologia. Todas elas mantêm uma clínica para o aperfeiçoamento de alunos, sob a supervisão de profissionais competentes.

Sou nutricionista, casada há três anos, mas sofro de depressão e síndrome do pânico, uso antidepressivos há cerca de

sete meses. Eu e meu marido estamos pensando em ter um filho. Eu já havia usado esses remédios no ano passado e interrompi o tratamento por minha conta, mas as sensações terríveis acabaram voltando. Gostaria de saber se esses medicamentos podem prejudicar o feto. Quanto tempo depois de parar com o tratamento posso engravidar?

Depressão e síndrome do pânico são doenças – exigem tratamento e acompanhamento médico. Os remédios têm de ser receitados por especialistas e o efeito deve ser avaliado continuamente. Portanto, ninguém pode interromper ou retomar o uso desses medicamentos a seu bel prazer – como você mesma percebeu quando parou de tomar o remédio por conta própria.

Quanto à possibilidade de gravidez, acredito que esse assunto também deve ser discutido com seu médico, pois a dúvida não se refere apenas aos medicamentos (alguns prejudicam o feto, outros não, e ninguém pode dar palpite assim de longe), mas à própria depressão: só um especialista que conheça bem você e sua doença pode ajudá-la a decidir sobre a oportunidade de engravidar nessas condições.

Gostaria de saber por que sinto que tudo e todos conspiram contra mim. Sinto que estou sendo traída tanto por meus amigos como por meu marido. Choro, à noite, de manhã, em qualquer momento. Acredito que estou com depressão. O que devo fazer?

Consulte um médico, talvez você esteja mesmo com depressão. Ou com uma visão muito autocentrada, imaginando que é a única motivação para o comportamento dos outros. Sua sensação de estar sendo perseguida pode vir de dentro de você mesma, se houver em seu mundo interno uma boa coleção de culpas mal digeridas, sejam elas reais ou não.

De qualquer maneira, convém consultar um profissional, médico ou psicólogo. As causas de seus sentimentos podem estar dentro de você, mas isso não significa que o sofrimento não seja real. Ajude-se! Tenho certeza de que você merece viver melhor.

Meu marido tem depressão. Como posso ajudá-lo? O que devo fazer?

A gente não pode resolver tudo pelo outro. A depressão de seu marido tem de ser tratada por um profissional, que fará uma avaliação cuidadosa do paciente (sim, paciente: depressão é uma doença!), para decidir que tipo de medicamento e de terapia ele deve receber.

Talvez você esteja usando a palavra de modo genérico, querendo dizer que seu marido anda triste e desanimado. Se for assim, você pode tentar conversar com ele para saber que tipo de ajuda ele gostaria de receber. E respeitar um eventual desejo dele de ficar sossegado, sem ter de dar satisfação a cada suspiro. Afinal, a tristeza e o desânimo também fazem parte do pacote da vida que temos de aprender a tolerar. Ainda que seja do companheiro.

Tenho 18 anos e me sinto isolada do mundo. Não tenho amigos, minha família não é unida, meu namoro não está bem,

sou possessiva e deprimida. Às vezes, gostaria de ficar doente, no hospital, para ver se alguém se lembra de mim. Tenho chorado muito, às vezes, tenho vontade de morrer, de me matar, porque sinto muita solidão. Sei que preciso de ajuda, mas não tenho com quem contar, nem dinheiro para ir a um psicólogo. É como se eu não existisse. Às vezes, tomo remédio e tenho vontade de tomar tudo para sumir. Vejo tantas pessoas do meu lado, mas mesmo assim me sinto só. Estou perdida, só quero morrer.

O desejo de morrer é um dos disfarces do medo de viver. É mais fácil (mas não menos sofrido) enfrentar os perigos que a fantasia cria, e adoecer. Nenhum tipo de ajuda ou parceria pode preencher todos os buracos que a gente tem na alma, mas você precisa de ajuda para aprender a tolerar alguns desses vazios, que fazem parte da condição humana. Não é necessário muito dinheiro: toda Faculdade de Psicologia tem um serviço de atendimento psicológico com supervisão de profissionais experientes, por um preço acessível. Procure uma perto de você e boa sorte.

Tenho 34 anos, uma filha de dois anos, sou viúva há um ano. Meu falecido marido não me deixou nada.

Minha filha entrou agora na escola e me sinto perdida, não sei o que fazer. Já trabalhei como secretária, tenho facilidade para fazer trabalhos manuais, mas não consigo levantar o traseiro do sofá. Ajudo todas as pessoas e não consigo me ajudar. Tenho vontade de pegar minha filha e ir para longe, talvez encontrar minha irmã, que mora nos Estados Unidos. Será que estou em depressão?

Você está de luto, não em depressão. E não é verdade que seu falecido marido não lhe deixou nada: aí está sua filhinha, que certamente funciona como uma preciosa âncora em sua vida. Ir para outro país não vai resolver seus problemas, nem diminuir sua tristeza. Se não está fácil sobreviver na sua terra, junto de sua família e de seus amigos, imagine em terra estrangeira, tendo de aprender uma nova língua e conviver com novos costumes. E, se você "não levanta o traseiro do sofá", dificilmente terá disposição para toda a trabalheira envolvida em mudar de país com uma criança pequena.

Reveja os bons momentos que passou com seu marido e lembre-se das coisas boas que ele lhe deixou (ainda que sejam "apenas" lembranças agradáveis e uma filha) e levante esse traseiro do sofá, que a vida está lá fora – e não espera por ninguém.

Tenho 23 anos e sou recém-casada. Trabalho oito horas por dia, faço faculdade à noite, cuido da casa e, muitas vezes, tenho de aguentar meu marido, que fica de cara fechada com a maior facilidade, apesar de nos amarmos. Por essas e outras razões, tenho chorado muito e ando bem desanimada. Posso estar estressada, ou isso é normal? O que faço para mudar essa situação?

Você provavelmente está estressada, mas isso não é normal, pois a vida que você leva não me parece "normal". Por que você se propõe a fazer mais do que aguenta? E por que não se dá o direito de expressar seus sentimentos às claras? Por exemplo: embora diga que você e seu marido se amam, sua mensagem transmite a ideia de que se sente abusada e injustiçada. Com tantas horas diárias de atividades cansativas fora de casa, não acredito que olhe muito amorosamente para a cara fechada do parceiro enquanto cuida da casa e chora...

Seu marido talvez também não esteja expressando o que sente. O que significa essa "cara fechada"? Para o que ele está fechado? Vocês se puseram de acordo com seu projeto de trabalhar, estudar e cuidar da casa, ou isso foi acontecendo sem que ninguém percebesse? Pode ser que você se tenha imposto um papel de supermulher, que topa fazer todos os sacrifícios dentro e fora de casa, porque gosta da fantasia de heroína e não se permite mostrar suas fraquezas e pedir ajuda. Vai ver que, com tantas tarefas, você nem se dá conta de que esse padrão de vida não atende nem a você nem ao seu parceiro. Então, em nome do que você faz tanto esforço?

Reveja essas escolhas, converse com seu parceiro (amorosamente, já que vocês se amam) e acredite: a vida pode ser mais prazerosa, o casamento pode ser mais alegre e mais leve. O mundo não está precisando de heróis, mas de seres humanos, frágeis e imperfeitos, capazes de chorar sem precisar se esconder e pedir ajuda sem se envergonhar.

Autoimagem

Sinto-me inferior às outras pessoas. Estou sempre feia, não importa o que vista ou use. Só me sinto bem dentro de casa; quando saio, passo a comprovar o fato de que todos são mais bonitos ou melhores do que eu.

É bom sentir-se bonita, perceber olhares de admiração, vestir bem qualquer (qualquer?!) roupa. Mas você acha que só assim é possível ser feliz? Será que faz sentido tanta lamúria por se achar feia, isto é, por não ter as medidas que os desfiles de moda e os comerciais de carros nos sugerem? Quem pode definir o que é feio e o que é bonito de fato? A beleza que se vê nas galerias de um museu é diferente da beleza consagrada nas passarelas dos desfiles de moda. Dificilmente uma mulher (qualquer mulher, gorda ou magra, baixa ou alta, jovem ou madura) não encontra alguma imagem de beleza em que se veja refletida.

Acho que o que provoca todo esse desagrado não são seus cabelos ou tipo de pele, mas as ideias que estão na cabeça que esses cabelos recobrem, as emoções que estão por debaixo dessa pele. E as ideias e emoções não mudam se a gente trocar de xampu ou fizer uma cirurgia plástica: só mudam quando a gente consegue se transformar por dentro.

Então, em vez de olhar tanto para fora, para ver se os outros são mais altos, mais magros ou mais brilhantes, olhe para dentro de si e descubra sua própria luz. Se ela estiver apagada ou fosca, procure tornar sua vida mais alegre, menos sombria. Tente centrar-se menos em sua imagem externa e no efeito que ela provoca nos outros.

O que fazer quando a gente tem um gênio forte e se sente desprezada por todos no ambiente de trabalho? Como devo falar ao meu chefe que não quero mais ficar nesse emprego – sem que ele tente fazer de tudo para eu ficar –, pois estou muito magoada com os fatos que ocorrem no trabalho?

Se você tem certeza de que seu chefe vai tentar dissuadi-la de pedir demissão, é porque tem consciência de seu valor – e, então, o desprezo dos colegas não deveria atingi-la.

Você diz que tem um "gênio forte". Será que está confessando que tem mau gênio e que isso dificulta sua convivência com os outros no ambiente profissional? Se for assim, é melhor aprender a se controlar, pois mesmo que você mude de emprego sempre encontrará pela frente situações difíceis e delicadas, que exigem tolerância e autocontrole. E nem sempre haverá um chefe disposto a defendê-la.

Tenho 21 anos e um ótimo relacionamento com meu marido. O problema é que tenho uma autoestima baixa. Às vezes, não tenho vontade de fazer amor com meu marido por ter vergonha do meu corpo. Sou alta, magra e nunca fiz o tipo mulherão; sempre sofri com isso, pois era tida como a patinha feia. Não adianta ele dizer que me acha bonita, pois basta eu sair de casa e ver uma mulher bonita (como eu gostaria de ser), que quero voltar para casa e não sair mais de lá. Queria ser mais baixinha, mais gordinha e ter seios maiores. Sofro muito com essa questão, tenho vontade de sumir...

Desamar o próprio corpo é complicado, torna a vida difícil: afinal, você está casada consigo mesma para a alegria e a tristeza, para a saúde e a doença, para o gosto e o desgosto. Mas você não está sozinha nesse pedido de divórcio: tem gente (muita!) que se acha gordinha e queria ser mais magra, tem gente (pouca!) magrela que gostaria de engordar, algumas querem crescer, outras encolher. Pouca gente está contente com a pele, com o cabelo, ou com o corpo que tem.

Mas será que é mesmo sua aparência física que está incomodando tanto? É com sua altura (com a qual tantas mulheres sonham!) e sua magreza (inveja de todas!) que você está descontente? Que espelho você escolheu para refletir sua imagem, que desmente o que os olhos do homem amado parecem enxergar? Será que faz sentido tanta tristeza por se achar feia, isto é, por não ter as medidas que inventou que deveria ter?

Você ainda está com 21 aninhos, seu corpo mal saiu da adolescência, ainda não foi marcado pelos sulcos da vida, seus seios não se fizeram fonte, nem seu útero se fez ninho. O tempo e a maternidade se encarregarão de suavizar ângulos e arredondar reentrâncias. Um dia, você até sentirá saudades de seu delicado vulto de efebo.

Por enquanto, aposte no afeto e no carinho desse companheiro amoroso, antes que a amargura congele seu sorriso e você se veja magra, alta e sozinha.

Não consigo ter um bom relacionamento com minha família. Sempre procurei ficar distante, não consigo entender isso, pois com as demais pessoas sou amável, e tenho vários amigos, aos quais me apego muito. Dou mais valor a eles que a mim mesma. Como explicar tal comportamento?

Se você dá mais valor aos amigos do que a você mesma, provavelmente espera que eles retribuam na mesma moeda, expectativa que os amigos não podem preencher.

Não dar valor à família é algo que está diretamente ligado à baixa autoestima. Em vez de afastar-se dos pais e irmãos, trate de se aproximar deles, pois é por intermédio dos relacionamentos íntimos que a gente consegue se conhecer melhor. Ao tomar contato com as características de seus parentes próximos, você poderá perceber os atributos que a desagradam em você mesma. E assim você poderá crescer e evoluir.

Socorro! Há quatro meses terminei um relacionamento desgastante, e perdi minha autoestima; não me valorizo, estou me achando feia e sem graça... O que faço para voltar a gostar de mim e melhorar minha autoestima?

Provavelmente, você ainda está vivendo a ressaca desse relacionamento que você mesma chamou de desgastante. Às vezes, para levar adiante uma relação, a gente faz concessões demais e ultrapassa o próprio limite. Quando o namoro termina (como já se previa, mas se tentava negar a qualquer preço), a gente percebe que o preço pago foi alto demais e, pior ainda, inútil. Daí vem o gosto ruim de perda de autoestima, de pouca valia – como se você ainda estivesse se vendo pelos olhos desse ex-parceiro complicado e exigente.

Não se assuste nem se apresse. Quatro meses podem não ser o bastante para eliminar todo o veneno que uma relação assim produz. Mas nisso o tempo é um bom aliado.

Tenho 22 anos e meu marido, 31. Ele não confia em mim, em nenhum aspecto. Se me esqueço de um horário, já fala que sou burra, louca e incapacitada. O que faço? Devo procurar ajuda médica?

Ajuda médica para quem? Você está mesmo acreditando que é louca ou incapacitada? Parece que acabou por levar a sério as afirmações de seu marido, e agora é você quem não confia em sua capacidade e sanidade mental. Eu gostaria de saber por que uma pessoa tão competente e equilibrada, como seu marido acredita ser (e você parece concordar), escolheu como companheira alguém que ele considera tão cretina...

Tenho certeza de que seu marido passará a tratá-la com mais respeito quando você começar a se respeitar.

Tenho 22 anos e sou casada. Há alguns anos tenho crises de depressão e de baixíssima autoestima. Se engordo dois ou três quilos, fico desesperada, com vontade de morrer. Já fiz uma lipo (segundo o médico, sem necessidade) e vou fazer outra. Tenho problemas com meu irmão, que tem 19 anos, é rebelde e há pouco tempo saiu de casa sem dar notícias. Acho que se não tivesse engordado os problemas seriam mais fáceis. Há um ano larguei a faculdade porque não suportava o curso, mesmo contra a opinião de todos, e, desde então, decidi prestar vestibular para o que tenho certeza que quero, faço até curso técnico de estilismo. No último vestibular, não passei por causa da prova de desenho. Foi minha primeira derrota e ainda não consegui assimilar isso. Foi então que me tranquei em casa e comi até estufar. Preciso de

ajuda, mas não sei por onde começar. As cobranças, minhas e dos outros, me dão medo de querer terminar tudo por aqui.

Você necessita mesmo de ajuda, mas não do tipo que cabe numa carta ou num livro: precisa de assistência profissional especializada e próxima, pois suas dificuldades podem levá-la a distúrbios mais graves. Além de ter uma autoimagem distorcida (como se vê por seu desespero quando engorda dois quilos, e faz lipo contra a indicação do médico), você não consegue discriminar com clareza o que está dentro e o que está fora de você (preencher com comida o vazio provocado pela tristeza é um exemplo dessa confusão) nem se diferenciar de sua mãe (o fato de seu irmão ter deixado a família é problema dela, e não seu; e o fato de você abandonar a faculdade é problema seu, e não "dos outros").

Nenhuma dessas questões se resolve de longe: lidar com elas é serviço para um bom terapeuta, que pode ajudá-la a deslindar esses fios embaralhados, em várias sessões semanais durante um bom tempo.

O que muda no comportamento de uma mulher quando ela se sente bem com sua roupa e sua maquiagem?

As pessoas ficam mais contentes quando enxergam no espelho uma imagem bonita. E pessoas contentes sentem-se mais confiantes e seguras – sensações que as levam a ficar mais acolhedoras e mais abertas aos outros. Então, parecem simpáticas e agradáveis, o que torna tudo mais fácil.

Mas também pode ser que se faça uma bela confusão entre causas e consequências, e o fato é que, quando a gente se sente segura e confiante, a roupa cai melhor, o brilho dos olhos deixa a maquiagem mais bonita, a gente fica contente com isso e por aí vai...

A terapia reiki ajuda nos problemas de ansiedade? Comecei a engordar e não posso usar nenhuma fórmula, pois já tomei muitas e não fazem mais efeito. Tenho 36 anos, 1,54 metro de altura e peso 67 quilos. Antes eu pesava 57 quilos...

Não existem fórmulas mágicas, nem para emagrecer, nem para eliminar a insegurança e a ansiedade. O único caminho é tolerar frustrações, reconhecer que elas fazem parte da vida. Só há um jeito de perder peso: abrir mão de prazeres imediatos, aguentar as pequenas renúncias de todo dia em prol de usar aquela linda saia preta justa, de corte reto e abertura do lado. Ou renunciar à silhueta de manequim e ser uma gordinha feliz. Não dá para fazer essa omelete (ou qualquer outra) sem quebrar os ovos.

Acredito que minha resposta já seja, para você, um teste de frustração: afinal, eu não respondi à sua pergunta sobre a terapia reiki. Em primeiro lugar, porque não sei bem do que se trata; mas, principalmente, porque me parece que você está, mais uma vez, atrás de mágicas para se livrar de problemas – o que, decididamente, não vai funcionar, como tantas outras fórmulas que você tentou.

Como educo minha mente, quando não sou correspondida em um amor?

Nenhuma educação da mente consegue evitar a dor da rejeição. Mas essa dor passa, ninguém morre dela. Então, o melhor é preparar-se para lidar com as frustrações, que fazem parte do repertório de experiências e podem até nos fortalecer. Um amor não correspondido serve para a gente aprender a virar a página e tocar a vida pra frente.

Tenho 20 anos, 1,65 metro de altura, peso 63 quilos e não consigo emagrecer. Já fiz tratamento com remédios manipulados, já tomei os que são vendidos em farmácias, pratico várias atividades físicas, mas simplesmente não emagreço. Vivo fazendo dieta e como o menos possível, sempre alimentos de baixas calorias. Agora simplesmente não almoço mais: tomo apenas um café bem leve pela manhã. Vivo tomando chás que prometem emagrecer. Quero emagrecer, não aguento mais ser chamada de gordinha!

Nem todos podem ser nórdicos, por mais que a publicidade nos seduza com louras esquálidas. Mas todos podem encontrar um equilíbrio razoável entre o desejo de ser magra e a capacidade de tolerar a frustração de privar-se de alguns prazeres gastronômicos.

Não existem mágicas. Só emagrece quem gasta mais calorias do que ingere. As poções milagrosas são charlatanices, os chás "emagrecedores" são apenas diuréticos sem controle de qualidade, que podem fazê-la perder sais minerais importantes para o bom funcionamento do organismo.

Mas parece que você está tão obcecada em dominar a balança, que não consegue nem emagrecer, nem comer um pedaço de chocolate sossegada e sem culpas. Assim não há quem aguente! Faça as pazes com você mesma e consulte um endocrinologista sério, que possa ajudá-la a analisar não só o estado de suas glândulas (que devem estar bem bagunçadas, depois desse bombardeio de filtros e poções) mas também os limites que a genética traçou para sua compleição física. E saiba que, apesar do que a publicidade insinua, existem gordinhas felizes e magricelas infelizes.

No fim do ano passado, entrei no primeiro estágio da anorexia. Hoje já consigo comer, mas quando como não consigo sair de casa. Quando eu estava me curando, fui assaltada duas vezes. No momento do assalto, fiquei calma, mas agora tenho medo de sair de casa, medo de dormir, medo de tudo. Será que tenho a síndrome do pânico?

Você fala de doenças graves, menciona sintomas que não podem ser avaliados a distância. Só o olhar atento de um profissional competente para distinguir a timidez da síndrome do pânico, a anorexia da mania de regime. Existem serviços médicos especializados para o diagnóstico e o tratamento dessas patologias. Meu conselho é que você procure uma clínica ligada à Faculdade de Medicina ou de Psicologia próxima de você. Lá uma equipe multidisciplinar poderá ajudá-la.

Quando converso com qualquer pessoa (homem ou mulher, amigo ou parente), sinto dificuldade de olhá-la de frente. Tenho sempre que disfarçar para não ter de olhar no rosto dela.

Por que você acha que é obrigada a olhar para o rosto do interlocutor? Parece que isso se torna uma imposição tão forte, que você perde a espontaneidade no contato com o outro. Não se preocupe tanto com a direção do seu olhar: é preferível prestar atenção ao que o outro diz, entrar em contato com os sentimentos que as palavras dele provocam em você e tentar expressar isso tudo da melhor maneira. Deixe que seus olhos pousem onde quiserem. Você verá que, sem se dar conta, estará conversando naturalmente, às vezes encarando o parceiro, às vezes deixando o olhar errar pelo ambiente. Como todo mundo faz.

Como posso deixar de ser conservadora e aceitar novos padrões de beleza masculina? Namoro alguém que não corresponde ao meu modelo de homem, e isso atrapalha. Ele é ótimo, mas não tem um físico de modelo. Sinto uma barreira por causa disso, e gostaria de saber de que forma devo encarar essa situação para não ser tão conservadora.

Pode até ser que você seja conservadora quanto ao estilo de beleza masculina, mas a gente não se apaixona por categorias ou estilos, nós amamos pessoas. Você fala de seu namorado como se ele fosse uma estampa, uma figura numa página de revista, e não um homem de carne e osso, dotado de história, desejos, expectativas.

Não se escolhe um parceiro para a vida com base em padrões predeterminados, conservadores ou modernos. A escolha é feita por afinidades de gostos e projetos, por uma química de cheiros e um magnetismo de pele. Por algum mistério ou magia que aguça os sentidos e transforma o olhar, cobrindo de purpurina o universo do cotidiano.

Nada a ver com os modelos do presente ou do passado.

O que fazer para não perder a autoestima? Sempre trabalhei em bancos de varejo, mas saí dessa área porque percebi que minha vida profissional não fazia sentido, embora eu tivesse um bom salário. Quero trabalhar com marketing social, mas ainda não consegui recolocação no mercado. Desenvolvi um projeto sobre o assunto, tenho pós-graduação, mas parece que estou fadada a ficar desempregada. O que fazer?

Por que será que você está colocando todas as fichas de sua autoestima na vida profissional? Não há dúvida de que o trabalho é uma dimensão importante da vida, mas fazer dele o único parâmetro para avaliar sua autoestima é um pouco demais.

Olhe em volta, analise como está sua vida pessoal, familiar e afetiva; observe seu campo de interesses (lazer, cultura, esportes). Não acredito num "fado" com cartas marcadas, a indicar quem vai ter emprego e quem não vai, mas se você estiver procurando por um oficio que dê conta de preencher todas as suas necessidades de segurança e afeto, pode estar certa de que não vai encontrar.

Modere suas expectativas (ou pendure-as num gancho mais adequado) e procure uma profissão ou colocação que proporcione desafios interessantes, uma remuneração digna e um clima de respeito. Mais do que isso trabalho nenhum pode oferecer.

Trabalho com meu marido e sempre que ele faz algum comentário sobre meu trabalho, fico magoada. Será que sou hipersensível? Em outros empregos nunca tive problemas.

A relação conjugal não é fácil, e as relações de trabalho também são complicadas. Imagine a associação dessas duas situações... Os comentários de um chefe nem sempre refletem um desagrado, podem ser apenas o caminho para buscar maior eficiência e produtividade no trabalho. Além de inevitáveis, são úteis para o aperfeiçoamento do exercício das funções. Mas os comentários de um chefe e os da pessoa amada não são ouvidos do mesmo jeito. Então, se marido e chefe estão combinados numa única pessoa, a confusão é inevitável, pois, aos olhos do parceiro escolhido para a vida, a gente quer sempre fazer bela figura. E não admite ser vista como ineficiente ou pouco produtiva.

Em outras palavras: somos, todos, hipersensíveis às críticas do companheiro, o que é perfeitamente compreensível.

Traição

Acabo de saber que a ex do meu namorado está grávida. Isso aconteceu antes de assumirmos o namoro, pois só faz um mês que estamos juntos. O que faço? Ele está desesperado, estamos apaixonados e não gostaríamos de nos separar, mas tanto a família dela quanto a dele querem que os dois se casem. Ele não quer, mas também não sabe o que fazer. O que faço? Devo interferir?

Por que você acha que tem de fazer alguma coisa? Que tipo de interferência você pode ter, depois de um mês de namoro? Já tem gente demais envolvida nesse enredo, inclusive um projeto de gente que (este sim!) não tem nada a ver com as encrencas em que estará metido.

Por mais apaixonados que você e seu namorado estejam, um mês de convivência não é o bastante para comer nem uma pequena parte do quilo de sal[1] que as pessoas deveriam comer juntas para se conhecer. A única atitude que pode tomar é ser grata ao acaso, que fez essa história aparecer ainda no começo de seu relacionamento, a tempo de você perceber no que está se metendo, onde ia amarrar o seu futuro.

O que é, na verdade, uma traição? Não acho que beijar ou ter relação sexual com outra pessoa seja trair. Trair é você não contar ao parceiro que faz isso. Se eu me casar, vou trair com certeza! Estou errada ou certa?

Questões como lealdade e traição são, em primeiro lugar, de foro íntimo, isto é, cada um sabe o que essas palavras significam em seu código de ética pessoal. Mas, quando se estabelece

1 Dizem que você só conhece bem uma pessoa depois de ter consumido um quilo de sal com ela. Pense em quantas refeições precisam ser partilhadas para que se chegue a essa quantidade de sal...

um vínculo amoroso, os sentimentos do parceiro também devem ser levados em conta. Isto é, além de decodificar o que é ou não transgressão no código de cada um, é preciso considerar também o peso que se dá ao sofrimento do outro. Os casais variam quanto ao que consideram traição, e alguns fazem pactos de mútua transparência, para fugir do ciúme. Às vezes, contar ao outro o que aconteceu não significa ser leal, mas simplesmente não conseguir conter o próprio sentimento de culpa e querer dividir esse peso. Outros casais usam a sinceridade como pretexto para se vangloriar de seu poder de sedução e atrair a atenção de um parceiro descuidado.

Não é fácil pôr tudo isso numa balança e definir o que é, "na verdade", uma traição. Você terá que resolver isso sozinha. Ou com seu parceiro, seja casada ou não.

De uns meses para cá, não tenho vontade de fazer amor. Quando meu marido me procura, vem à tona tudo o que ele me fez: as traições, as brigas, as ofensas. Isso faz parte do passado, já conversamos a respeito e eu o perdoei. Porém, sempre me pergunto por que isso me aconteceu. Briguei com o mundo para ficar com ele. E tenho a sensação de que perdi minha juventude me doando a esse relacionamento. Estou confusa com meus sentimentos. É possível perdoar uma traição e prosseguir com o relacionamento? Ou seria melhor desistir e esquecer de tudo?

Há uma confusão com os sentimentos – e com as palavras. Quando você diz que já perdoou o companheiro pelas ofensas do passado, creio que não está sendo sincera. Ou então não se lembra de que perdoar significa aceitar o outro com suas culpas e faltas, ainda que estas não sejam necessariamente esquecidas. Você diz que conversaram a respeito, talvez imaginando que as conversas fariam a mágica de apagar todas as mágoas. Mas as palavras não têm esse poder.

Remeter-se a lembranças penosas no momento do encontro amoroso parece ter a função de evitar a entrega, como se você precisasse honrar algum pacto com o ressentimento. Será que você tem medo de acreditar de novo nessa relação e de se expor mais uma vez a sofrimentos e frustrações?

Se for assim, a entrega amorosa fica mesmo difícil. Mas quem não está disposto a se expor a frustrações condena-se também a viver sem esperanças, que é o reverso da medalha. Não existe alegria sem tristeza, a frustração e o desapontamento fazem parte do caminho. Nenhuma relação amorosa duradoura pode escapar dessas marcas, que, geralmente, estão mais ligadas às nossas fantasias e idealizações do que propriamente às falhas do companheiro.

Talvez, por ter conquistado esse amor à custa de árduas batalhas, você tenha imaginado que não correria mais riscos, que estaria acima de tudo o que ameaça os outros casais. Ser personagem de um enredo do tipo "nós dois contra o mundo" é irresistível, mas uma história assim intensifica o processo de idealização: se os protagonistas não morrem (como bem fizeram Romeu e Julieta), o que a relação amorosa precisa oferecer para compensar tanta luta, tantas renúncias?

Às vezes, a memória funciona como autêntico carrasco do amor. Ninguém pode mudar o passado. Mas ficar prisioneira de experiências antigas impede que o relacionamento amadureça, e que o sopro do presente afaste os miasmas venenosos dos ressentimentos. A juventude passa para todos, seja o que for que se tenha feito dela, e talvez não exista forma mais digna de passar por ela do que se doar a um amor.

Procure tirar proveito da experiência, transformando dores e mágoas em matéria-prima para o crescimento e o amadurecimento da relação e dos parceiros. Isso não significa que deva varrer tudo para debaixo do tapete nem que tenha de ser feliz por decreto, mas avaliar a relação pelo que ela oferece no presente e por seu potencial de futuro, em vez de se prender a fantasmas e mágoas do passado. Se você se separar agora, provavelmente vai cair na mesma armadilha que já conhece: a de fazer escolhas a partir de fantasias, e não de uma avaliação sincera de seus sentimentos e das possibilidades reais desse relacionamento.

Eu me separei de meu segundo marido há poucos dias, pelo mesmo motivo do primeiro, traição. Ele é dez anos mais novo do que eu e, como dei um ultimato, ele preferiu sair, e agora está morando com a outra. O que aconteceu no meu primeiro casamento se repetiu agora. Só posso pensar que a culpa é minha, pois fiz de tudo por esses homens e só recebi dor e tristeza. Está doendo tanto... O que devo fazer?

Vistas de certo ângulo, todas as histórias são parecidas. E não há duas histórias iguais, quando a gente olha direito para os enredos. É possível que haja elementos em comum nos dois casos que você viveu, mas isso não significa que as histórias sejam iguais. Além disso, você não é a autora desses enredos, nem a única protagonista.

Dores e tristezas – assim como prazeres e alegrias – fazem parte do cardápio de todas as relações amorosas. Mas, quando a gente acha que "fez tudo" pelo outro, por mais generosa que seja, tem expectativas de retribuição ou compensações para as quais o parceiro nem sempre está preparado. E ele pode ficar assustado diante da cobrança de dívidas que não sabe que contraiu. Às vezes, essa dinâmica torna a relação pesada, pois faz o parceiro se sentir infantilizado e incompetente.

Por que você acha que precisa se esforçar tanto para agradar e ser aceita? Aprenda a se conter, para não ultrapassar os limites do parceiro, e não se antecipar para suprir desejos e necessidades que ele nem expressou. Só o amor de mãe pode ser assim solícito, atento, incondicional. E assim mesmo...

As relações entre parceiros adultos têm de ser simétricas. Um vínculo em que alguém está sempre dando, oferecendo, atendendo, enquanto o outro só recebe, não pode ser satisfatório para nenhum dos dois. Mesmo que ambos sejam bem-intencionados e ninguém tenha culpa de nada.

Meu marido me trai, mas não sei se devo deixá-lo, porque a presença dele é importante para meus filhos.

Ninguém é obrigado a deixar o parceiro, assim como ninguém é obrigado a manter um casamento. Essas decisões são pessoais e devem ser tomadas a partir de uma avaliação (interna e honesta) sobre a qualidade do relacionamento do casal.

É verdade que as crianças precisam de pai, mas não entendo por que ficariam órfãs se você se separasse de seu marido. Elas vão continuar a ter pai, ainda que não morem na mesma casa que ele. Por mais ressentida que você esteja, não pode usar as crianças como arma de chantagem. O contato com o pai é um direito das crianças, não do pai. Você também é obrigada a respeitá-lo.

Mas será que você está sendo totalmente sincera? Será que considera a presença desse homem importante só para seus filhos?

Talvez você ainda o ame e queira ficar com ele. Se ainda tem esperanças de refazer o vínculo amoroso, apesar das alegadas traições, não adianta se enganar: não é pelos filhos que você não quer deixá-lo. E será que a "traição" dele não tem a ver com sua tendência em colocar os filhos na frente do relacionamento do casal? Vai ver já há algum tempo você deixou de enxergar esse homem como seu parceiro amoroso, para vê-lo apenas como o pai de seus filhos; talvez você não se coloque mais diante dele como a mulher amada, mas só como a mãe das crianças.

Se for assim, há nessa história mais do que um homem mulherengo e uma mulher traída: o enredo é mais complicado do que o de uma história de traição...

Traí meu namorado durante uma viagem e agora estou com remorso, pois nunca fui infiel e odeio mentiras. Devo contar tudo a ele?

Antes de contar, procure descobrir os motivos verdadeiros que a levam a querer partilhar essa experiência com seu namorado.

Cuidado com comportamentos pretensamente honestos e francos que, em nome da lealdade e da transparência, encobrem necessidades mais egoístas, como a de aliviar o peso da culpa ou se valorizar aos olhos do parceiro. Necessidade de absolvição ou desejo de chamar a atenção de um namorado desatento são motivos humanos e compreensíveis, mas não devem servir de disfarce para a culpa ou a vaidade.

Só vale contar se você acreditar que essa confissão os levará a uma conversa íntima e verdadeira, em que poderão falar sobre o que cada um espera do relacionamento e do que cada um sente falta. Caso contrário, é melhor encontrar dentro de você um lugar adequado para guardar essa experiência pessoal – e aguentar a culpa e arcar com as consequências de eventualmente vir a ser descoberta e ter de responder pelo que aconteceu.

Tenho ficado com um cara que é noivo há seis anos. A experiência é excitante, mas estou com os pés no chão. Só não consigo entender por que homens infiéis insistem em manter relacionamentos falidos. Eles ficam com as mulheres por dó ou isso é papo-furado?

Não sei por que se preocupar em entender os motivos dos homens infiéis, em vez de se ocupar da única questão que poderia ter importância para você: o que a leva a ficar com alguém que está ligado a outra mulher? Essa conversa de "pés no chão" lembra a dos viciados, que dizem: "Vou parar quando eu quiser, só fumo (ou bebo) porque gosto".

Nada garante que seu parceiro tenha com a noiva um relacionamento falido, embora a terceirização seja um recurso temporariamente eficiente para tapar eventuais falhas em uma relação amorosa, em vez de enfrentar diretamente as dificuldades e incômodos do vínculo. Assim, viver experiências excitantes com outras mulheres, em paralelo a um compromisso com uma namorada fixa, tem dupla vantagem: aumenta a tolerância para com as inevitáveis faltas de um relacionamento estável e mantém as parceiras eventuais com os pés no chão, ao deixar claro para elas que não devem esperar nada além de experiências excitantes. Se para você esse tipo de contrato é confortável, não crie problemas para entender o que se passa num relacionamento que não lhe diz respeito.

Desgaste

O que fazer para dar um pouco de ação à vida conjugal? Sou casado há 14 anos, tenho dois filhos e minha mulher e eu temos 40 anos. Parece que não tenho mais aquele apetite sexual. Gostaria que minha esposa fosse mais atrevida. Como dizer isso, sem que ela pense em coisas adversas?

Você gostaria que sua esposa fosse mais atrevida, mas não se atreve sequer a dizer isso, com medo do que ela possa pensar. E o que será que você pensaria se ela de repente se mostrasse mais atrevida? Talvez a mesmice esteja provocando, em vocês dois, o mesmo tédio e o mesmo medo de mudanças...

Tome a iniciativa, atreva-se, corra riscos. Se ela pensar em "coisas adversas", aproveite para conversar sobre as imagens que cada um faz do outro e atualizá-las. Pode ser que ambos tenham surpresas – o que já dá um sabor diferente à vida conjugal.

Mas tenha cuidado para não pendurar na relação conjugal uma sensação que talvez provenha também de outras áreas. Como estão os outros aspectos de sua vida? Você ainda vê desafios estimulantes em seu ambiente de trabalho, ou aí também se sente desmotivado e inapetente? E seus outros interesses, estão preservados? Você tem planos para o futuro?

Às vezes, a gente se queixa de que a vida está sem brilho e a comida está sem gosto quando na verdade são os olhos que estão embaçados, ou o paladar que está embotado. Aí, então, é preciso ter um pouco de ação para recuperar o prazer.

Sou casada há um ano. Antes do casamento, meu marido e eu tínhamos uma vida sexual satisfatória. No entanto, após o

casamento, a frequência das relações foi diminuindo e, agora, chegamos a transar uma vez por mês, ou menos. Colocamos a culpa no cansaço do cotidiano, no estresse do trabalho e em outros problemas, mas essa falta de desejo tem me preocupado. Nós nos amamos e estamos felizes, mas sinto que há algo de errado e estranho no ar... O que está acontecendo conosco?

Uma relação amorosa pode se expressar por inúmeros canais: ternura, paixão, solidariedade, parceria são algumas das facetas pelas quais o amor se apresenta, conforme o cardápio que a vida oferece ao casal em diferentes momentos. Então, é perfeitamente natural que a paixão (que tem no desejo sexual seu canal privilegiado) dê lugar a outras manifestações, em algumas fases do relacionamento.

Mas você não fala em oscilações: localiza no casamento o ponto a partir do qual houve uma mudança na relação. Como parece que vocês já tinham uma intimidade sexual satisfatória, não deve ter havido grandes surpresas nessa área. Então, vale a pena pensar no significado que o casamento teve para vocês. Que expectativas tinham, o que imaginavam que o casamento traria para o relacionamento? Às vezes, há uma idealização exacerbada, que fatalmente leva à frustração.

Sugiro, então, dois caminhos para entender a gradativa ausência de desejo: o primeiro deles é avaliar mútuas frustrações em outras áreas do relacionamento, as quais, escamoteadas, denunciam-se, sabotando o encontro; ou, então, pesquisar se a proximidade do cotidiano não está favorecendo outras linguagens amorosas. Nesse caso, é possível que vocês estejam preocupados com a falta de desejo porque, assustados com o novo, passaram a perseguir o desejo como detetives atrás de confirmações de uma hipótese incômoda (daí o desejo se esconde mesmo!).

Uma conversa sobre essas possibilidades, mesmo que não elucide a questão, deixará vocês mais próximos e provavelmente mais receptivos. E é por aí que o desejo faz seu caminho.

Namoro há três anos, mas o tempo desgastou o relacionamento. Pedi um tempo para pensar e meu namorado se desesperou... Estou confusa, não sei se quero continuar com ele, porque não sinto mais vontade de transar e nem sei se o amo. O que faço?

O que você queria de seu namorado, quando "pediu um tempo"? Esperava que ele parasse o relógio, como num jogo de basquete, e deixasse a vida em suspenso? "Pedir um tempo" me parece uma desculpa para não correr o risco de perder o namorado, uma espécie de pedido de garantia de que nada vai se mover enquanto você... O quê? Olha para dentro de si para descobrir se o ama ou não? Experimenta outras relações para comparar e decidir?

Não adianta usar truques, esse tipo de garantia não existe. Se você romper o namoro agora, pode vir a se arrepender quando souber que o namorado rejeitado está com outra (e mesmo aí não dá para saber se o arrependimento vem de um sentimento amoroso, do ciúme ou do despeito por se ver substituída). Do mesmo modo que, se não romper, você corre o risco de se casar contra a vontade e lamentar-se por achar que perdeu a vida numa roubada. Mas, se você não tolera o desgaste que três anos provocam numa relação, como aguentaria as inevitáveis gasturas de uma relação permanente?

Sua mensagem faz pensar que você não se acha mais ligada ao atual namorado e hesita em romper por medo de ficar sozinha. Mas quem não consegue ficar sozinho dificilmente fará uma escolha amorosa verdadeira: vai aceitar parcerias insatisfatórias movido pela necessidade de ter alguém, e não pelo desejo de estar junto daquela pessoa.

Coragem, amiga. Converse com seu namorado sobre o desgaste da relação, para que vocês procurem, juntos, o caminho da vitalidade e da renovação; ou rompa essa relação que lhe parece condenada à morte e enfrente o luto da separação.

Depois de anos de casada, sinto um enorme vazio entre mim e mim mesma. Será que depois de tanto tempo me sentindo amada tudo parece um buraco, onde não consigo nem sentir tesão por meu companheiro? O orgasmo tem sido tão mecânico que, às vezes, me sinto como uma prostituta. Com uma ressalva: ela faz por dinheiro e eu para defender minha família. Meu companheiro tem perdido pouco tempo comigo na cama, apesar de ser um companheiro excepcional, bom amigo, bom pai. Estamos com 42 anos e nos amamos loucamente, mas na cama nossa relação tem ficado a desejar. Será que com a idade todos ficamos desse jeito? Ainda sou atraente, sem falsa modéstia, chamo a atenção dos homens na rua e no trabalho. Acho difícil ir para cama com alguém que se excita muito depressa e me deixa para trás. Diga que é tudo mentira!

Não posso dizer que é tudo mentira. Não tenho motivos para duvidar de seus sentimentos, que devem ser verdadeiros, já que estão provocando tanto sofrimento. Talvez seu marido tenha ejaculação precoce, e tenha dificuldades para falar disso. Saiba que essa condição pode ser tratada por um urologista.

Mas não entendo como um marido poderia preencher o vazio que você sente "entre você e você mesma". Nesse buraco deve haver outras faltas. Talvez seja uma boa hora para refazer a intimidade com seus sentimentos, encarar suas emoções e desejos, sem colocar toda a insatisfação no relacionamento sexual. Depois de tanto tempo de convivência, o vínculo amoroso pede uma revisão: mudaram as fomes, mas os cardápios também estão diferentes. Em outras palavras, é possível que suas necessidades e exigências atuais sejam diferentes do que eram em outros tempos, mas o repertório de seu companheiro, provavelmente, também já é outro.

Você diz que continuam amigos e que ainda confia nele. Então, crie coragem e converse com esse amigo – que você afirma ainda amar loucamente, mas que talvez já nem conheça bem. É possível que ambos tenham boas surpresas.

Não tenho a mínima vontade de transar com meu marido. Quando transo, não fico satisfeita, parece que é obrigação. Às vezes, quando estou longe dele, sinto desejo, mas quando chego perto, nem pensar! Já estou há mais de um mês sem transar. O que faço para salvar meu casamento?

Não é bem com seu marido que você tem vontade de transar, quando está longe dele, mas com uma imagem dele – que você pode inventar a seu gosto. Mas, se acha tão importante salvar esse casamento, deve ter bons motivos para querer conservar esse parceiro. Que tal pedir a ajuda dele, em vez da minha? Talvez haja algum desencontro, alguma insatisfação, não necessariamente sexual, que aparece nessa área por ser a de maior intimidade de um casal, a primeira a denunciar as divergências.

Entre as várias facetas que uma relação amorosa tem, vários outros canais podem ser acionados quando o sexo está difícil. Além de amantes, vocês são companheiros, aliados, parceiros na construção de um futuro. Que tal abrir caminho para a ternura, a solidariedade, o bom humor; enfim, para tantas outras formas de comunicação que enriquecem a vida de um casal e oferecem um território de confiança, onde o desejo sexual pode voltar a florescer?

Se você quer mesmo "salvar" esse casamento, vale tentar.

Sou casada há quatro anos, mas conheço meu marido há doze. Faz um ano que não tenho prazer, pois ele não me toca de um modo que me agrada nem faz sexo oral como eu gostaria que fizesse. Talvez a culpa seja minha, pois conheci um dentista com quem fiz loucuras. Ele me deixava nas nuvens. Nunca alguém me tocou como ele.

Já tentei falar indiretamente com meu marido sobre a maneira de me satisfazer com preliminares, mas isso não deu resultado, ele não sabe mesmo como fazer. Então, dei a ele uma revista erótica, que tinha uma reportagem sobre como satisfazer uma mulher. Ele ficou bravo comigo, mas até tentou alguma coisa da revista, só que essa tentativa também não deu resultados.

Agora o que me consola é a internet, porque não tenho mais contato com o dentista. O que devo fazer?

Existem algumas saídas: a da fantasia, por exemplo, que é, de certa forma, a que você está usando, quando se consola com a internet; a do "amor aos pedaços", vivendo diferentes aspectos da relação amorosa com diferentes parceiros; a da separação pura e simples, contando com a possibilidade de encontrar novo parceiro para viver uma nova relação. Ou a da virada interna, que consistiria em olhar para o companheiro real, sem transformá-lo em sapo nem transformar-se em bruxa, e procurar com ele uma maneira de revitalizar o relacionamento – pois não adianta olhar só para a dimensão sexual do vínculo. O sexo funciona como um termômetro, porque indica a saúde da relação amorosa como um todo: se o vínculo está febril, não adianta trocar de termômetro, é preciso cuidar da saúde.

Mas não dá para continuar olhando para trás (lembre-se da história daquela figura da Bíblia que virou estátua de sal porque não conseguiu caminhar para o futuro sem olhar para trás?[1]). Tome cuidado: talvez a desvairada experiência erótica vivida com o dentista tenha deixado outras marcas, além das boas lembranças da paixão. É possível que você se sinta mais culpada do que admite e então corre o risco de, inconscientemente, deixar pistas aqui e ali para levar o marido a descobrir essa história. Se você teve competência para viver esse enredo, agora tem de ter continência para digerir eventuais remorsos sem machucar quem não tem nada a ver com a história.

---

1 História bíblica (Gênesis, 19), referência à mulher de Lot, habitante de Sodoma, que não foi salva por ter desobedecido a condição de não olhar para trás. Sua pena foi ser transformada numa estátua de sal.

Meu marido e eu estamos brigando muito. Ele me irrita porque eu o acho extremamente egoísta. O que fazer?

Não acredito que as brigas ensinem uma pessoa a ser menos egoísta. Mas, se algumas atitudes de seu marido servem de estopim para tantas brigas, vale a pena entender que frustrações estão por trás desses desentendimentos recorrentes.

O que mudou entre vocês? O comportamento dele está diferente do que era no passado, ou foi seu olhar que mudou, fazendo com que as mesmas atitudes sejam agora interpretadas de maneira menos favorável?

Um relacionamento amoroso é como um organismo vivo: precisa de nutrição e cuidados para crescer e se desenvolver. E isso não se consegue com brigas e acusações genéricas, mas sim com conversas verdadeiras que ajudem os parceiros a se conhecerem melhor e a tolerar as respectivas fraquezas.

Namoro há dois anos, gosto do meu namorado, mas a emoção forte e intensa dos primeiros tempos já não existe. Gostaria de trazer de volta a paixão, mas não sei por onde começar.

Um relacionamento amoroso não se equilibra na estreita faixa do presente nem se alimenta de lembranças do passado. Quando os parceiros têm o cuidado de manter a relação viva, o vínculo passa por uma sucessão de fases, em que cada uma incorpora a anterior e a enriquece com sonhos e projetos. O namoro envelhece se o casal não puder tecer planos para o futuro.

Para renovar um vínculo, é inútil buscar o que já passou: há que lançar-se para o não vivido e explorar novos caminhos. A renovação vem da transformação do vínculo amoroso com as novas situações que a vida propõe. A paixão "dos primeiros tempos" não está ausente dos relacionamentos de longa duração que permanecem fortes e vivos. Mesmo depois de anos, há momentos mágicos em que a paixão, transformada pela confiança e pela ternura, ilumina com o brilho de seus lampejos os encontros do casal.

Por onde começar? Pela sinceridade de indagar em que direção você e seu namorado querem levar a relação, em vez de olhar para trás e impedir o vínculo de crescer.

Tenho um relacionamento maravilhoso com meu marido. Ele é meu melhor amigo, confidente e companheiro, não é ciumento e me admira em tudo; enfim, parecemos dois pombinhos. Somos casados há cinco anos e temos dois filhinhos lindos. Nossa vida financeira é estável e temos um bom nível sociocultural. Tudo parece perfeito. Mas não sinto desejo sexual por ele. Nós nos amamos e não suportamos a ideia de separação. Já conversei com meu ginecologista sobre o assunto, e ele disse que meus hormônios estão normais. Estamos sofrendo, porque meu marido me cobra uma vida sexual normal. Já fiz análise, já conversamos muito... Não sei mais o que fazer.

A imagem de dois pombinhos pode ser ótima para cartões de Dia dos Namorados ou para enfeite de bolo de casamento, mas dificilmente serve para retratar um casamento real entre seres humanos. E a atração sexual só pode aparecer entre pessoas de carne e osso, com cheiros e secreções, descontroles e sufocos. Talvez esteja faltando, nessa relação tão idealizada, um toque de imperfeição, de emoções fortes, de vivências menos olímpicas e mais humanas. Mesmo no mito da Perda do Paraíso, o desejo sexual insinua-se na descoberta da diferença, quando se inauguram o pudor e o medo da perda.

Acho que você e seu marido estão precisando perder a cabeça de vez em quando... Você descreve um relacionamento perfeito demais, tranquilo demais. Entre a tranquilidade e a estagnação, a distância é pequena, mas é o que diferencia a vida da morte.

Amigos

Comecei a trabalhar e conheci um menino que é estagiário. Ficamos amigos, porém eu quero mais do que uma simples amizade. Como faço para me declarar? Tenho medo de que nossa amizade acabe.

O tempo passa, as tecnologias avançam, as mulheres conquistam novos horizontes, mas a velha carroça da coreografia amorosa parece não sair do lugar. Como se declarar? Como não avançar além da expectativa do outro? Como adivinhar o que o outro quer? A mulher pode tomar a iniciativa? Essas questões continuam atuais, como se fossem eternas...

A resposta de hoje, assim como a de ontem, é a mesma: não existe caminho sem riscos. Não adianta querer esconder seus sentimentos, esperando que o outro os adivinhe. A linguagem dos sinais é precária, cada um interpreta como quer ou como pode.

Portanto, experimente deixar claro que rumo você gostaria que esse relacionamento tomasse, respeitando a possibilidade de que o outro tenha planos diferentes dos seus. E admitindo que tanto o projeto dele quanto o seu podem sofrer mudanças de rota ao longo do percurso.

Mas você fala de "um menino". O que será que isso quer dizer? Se você o vê como uma criança, não creio que possam ter outros planos que não o de brincar juntos. Enquanto a vida permitir.

Sempre permiti que os outros se intrometessem na minha vida, principalmente uma amiga. Ela me ridiculariza na frente dos outros, me rotula negativamente e me coloca para baixo.

No entanto, quando precisa de mim, ela se esquece de tudo isso. Depois que consegue o que quer, volta a fazer as mesmas críticas. Sofro com isso e me sinto uma idiota, mas não consigo me livrar dela. Como posso impor limites e respeito sem magoá-la? Ou seria melhor terminar essa amizade?

Você não lida bem com a questão dos limites: para não correr o risco de magoar a amiga, pensa logo em terminar a amizade. Felizmente, a vida não impõe soluções assim radicais. Entre a submissão e a ruptura, existem as concessões mútuas que fundamentam o relacionamento entre as pessoas. Explique o que a incomoda e a magoa nas atitudes de sua amiga e, se ela for incapaz de compreender, não precisa se preocupar em romper essa amizade: a incompreensão da colega será uma indicação de que o vínculo só existe para você. Nenhum relacionamento verdadeiro funciona como rua de mão única, em que um lado concede e ouve, enquanto o outro impõe e recebe.

Mas, para que você se sinta presa a essa moça sem consideração, é provável que reconheça nela alguns atributos que gostaria de ter. Seria essa capacidade de se impor aos outros? Se for assim, não se escravize: sem essa relação nefasta, você terá mais condições de desenvolver essas características que deposita nela. E vai aprender a impedir que todo mundo se intrometa em sua vida, mas do seu jeito, sem submissão nem arrogância.

Tenho 24 anos e estou apaixonada por um grande amigo, por quem sinto uma forte atração. Pensei que fosse discreta, mas, segundo algumas amigas, sempre dei na vista. Já pensei várias vezes em falar com todas as letras o que sinto, mas tenho medo. O que eu poderia fazer?

"Forte atração" não combina com "grande amigo". A atração remete ao universo da paixão, enquanto a amizade toca outras cordas da relação afetiva. E a paixão é incompatível com a discrição. Como disfarçar o brilho nos olhos, a respiração ofegante e a sensação de vento no rosto, que a simples presença do outro mobiliza? Isso tudo só não "dá na vista" de quem estiver cego ou de olhos fechados. Por sua vez, como esclarecer uma situação cuja ambiguidade você mesma alimenta? O "grande amigo" deve estar bem atrapalhado com a confusão de sinais que você emite...

Você diz que está com medo de escrever seu recado com "todas as letras", mas com metade das letras fica difícil a gente saber onde pisa e fazer planos – e é perigoso caminhar pelas areias movediças de uma comunicação truncada.

Melhor deixar claro o que você sente e esperar que a vida faça sua parte. Não se constrói uma relação verdadeira (amorosa ou fraterna) sem expressar os próprios sentimentos.

Fantasia

O que devo fazer para conquistar uma pessoa com quem já fiquei e que mora numa cidade distante da minha? A distância dificulta o contato, mas estou muito apaixonada por ele. Só penso nisso.

Com tão pouco contato, só posso acreditar que você está apaixonada pelas fantasias que criou a respeito dessa pessoa. A distância não impede telefonemas, cartas, e-mails, Skype, que são formas de comunicação bastante eficientes para duas pessoas se conhecerem, mesmo que estejam geograficamente distantes.

A gente só pode se apaixonar de verdade depois de ter com o outro alguma convivência, que permita conhecer e dar-se a conhecer. Sem isso, o objeto da paixão não é uma pessoa real, mas um cabide para as nossas fantasias – e o sentimento nem pode ser chamado de paixão, mas de encantamento.

Moro com uma pessoa há cinco anos, tenho 21 anos e ele 39. Ele é ciumento e desconfia de tudo e de todos. Devido a tanta pressão e à falta de carinho, comecei a me envolver com um rapaz pela internet. Já faz mais de um ano que nos falamos por computador, telefone, trocamos fotos e temos conversas íntimas. Ele quer me conhecer e eu também quero, mas me sinto insegura quanto ao que possa vir a acontecer e estou confusa sobre meus sentimentos por esse rapaz. Gosto dele, mas gosto do meu atual parceiro também e não consigo colocar tudo na balança e analisar o que realmente quero. Será que estou ficando louca? O que devo fazer?

Por enquanto, suas dúvidas e incertezas giram em torno do desgaste de uma relação e das fantasias sobre o novo parceiro.

O namorado parece desinteressante depois de cinco anos, seus defeitos são conhecidos, até suas qualidades perderam o brilho e a importância. Já o moço da internet é construído a partir de mútuas fantasias: cada um expõe ao outro só o que considera como suas melhores facetas.

Você diz que teme o que pode acontecer se você e o internauta se conhecerem. O pior que pode acontecer é vocês se tornarem mais humanos e com isso perderem boa parte da fantasia que um alimentou a respeito do outro.

Não culpe o seu parceiro pelo que se passa entre você e o outro. Um relacionamento só pode ser avaliado pela proporção entre a satisfação e o sofrimento que promove nos parceiros, pelo que se passa entre os dois, ao vivo e com as cores da emoção. Tudo o mais pertence ao universo da fantasia, que é importante, sem dúvida, mas não pode ser confundido com a realidade.

Tenha a coragem de lançar sobre esses dois vínculos um olhar mais verdadeiro, menos carregado de ressentimentos e menos contaminado pela fantasia.

Sou casada há quatro anos e imaginava que tinha um casamento feliz. Meu marido é bonito, apaixonado e talentoso. Temos os mesmos amigos e um convívio muito bom. Nunca brigamos e gostamos de fazer as mesmas coisas. No entanto, nossa vida sexual não é muito boa. Ele é um pouco acomodado, e confesso que não sinto muita vontade de fazer amor com ele. Há cerca de um ano, conheci uma pessoa pela internet e estamos tendo um caso. Já tentei me separar dele, mas não consigo. Temos uma relação sexual maravilhosa. Agora

ele quer se separar da mulher e quer que eu me separe também, porque quer casar comigo. Estou confusa. Eu era feliz no meu casamento. Mas estou com medo de ser covarde e deixar de enfrentar tudo isso.

Você imagina que casamento feliz é aquele em que a completude é total, em todas as áreas, sempre? Ainda que isso fosse possível, depois de quatro anos há novos ajustes a fazer e novas facetas a descobrir. Nessa fase, o relacionamento atinge uma espécie de patamar: o cotidiano já se infiltrou no encantamento do namoro, as vantagens e as desvantagens de viver sob o mesmo teto foram razoavelmente desvendadas. Cabe ao casal subir mais um degrau e aprofundar a relação, descobrir novos canais para o afeto e explorar as possibilidades da sexualidade.

Tudo isso, porém, exige envolvimento, riscos, entrega. É então que os caminhos da fantasia – para os quais a internet é um excelente veículo – se fazem sedutores, porque aparentemente envolvem menos trabalho, menos riscos. Dá até para criar uma ilusão de controle, de que é possível determinar até onde ir e definir o limite do outro. Só que não é assim. E aí está você de novo tendo de escolher entre procurar outros voos de fantasia ou correr os riscos de entrar numa relação verdadeira.

Não dá para saber qual é de fato o caminho da coragem, e qual é o da covardia. Mas posso garantir que qualquer relacionamento real, com pessoas reais, terá faltas e limitações, assim como exigirá renúncias e tolerância a frustrações. Isso não significa que não haverá momentos de felicidade e até de plenitude. Será mesmo preciso pedir mais?

Conheci uma rapaz pela internet e me apaixonei, mas ele ainda não propôs de nos conhecermos pessoalmente. Devo tomar a iniciativa?

Não é interessante? Aí está você, tão à vontade com os mais avançados recursos tecnológicos de seu tempo, apaixonando-se e pedindo conselhos pela internet. No entanto, ainda continua presa a uma das mais arcaicas etiquetas, aquela que diz que as iniciativas devem partir do homem. Essas contradições – tão comuns nos humanos – mostram como não evoluímos de maneira uniforme: nossa cabeça caminha mais depressa do que nossas emoções.

Não hesite tanto. Se você está ansiosa por conhecer o moço, proponha um encontro, de preferência em um lugar público, como um bar ou um restaurante. Pode ser que sua hesitação esteja relacionada com seu desejo de encompridar o mistério: enquanto o encontro não acontece, o espaço fica livre para as melhores fantasias, que correm o risco de virar desapontamento quando a realidade se impuser.

Conheci um alemão pela internet. No início, ele demonstrou interesse por mim, até começar a namorar uma italiana que também conheceu pela internet. Ela o deixou e ele ficou arrasado. Fiz de tudo para consolá-lo, pois estava decidida que era minha missão, como verdadeira amiga, ajudá-lo e tentar fazê-lo feliz. Demorou, mas meu amigo voltou ao normal e está novamente interessado em mim. Vou fazer intercâmbio no país dele no próximo ano e provavelmente vamos nos encontrar. Mas há algo que me incomoda... Mesmo sem rolar

nada entre nós, seria possível ele me amar? Ou o que ele sente é uma mera atração, acompanhada de sentimentos de amizade? Não é todo dia que nos apaixonamos verdadeiramente. Se ele acabou de se apaixonar por outra, seria possível se apaixonar por mim?

Numa relação amorosa, é difícil separar a realidade da fantasia, mesmo que os namorados vivam juntos muitos momentos de alegria e de tristeza, de raiva e de ternura. O que dizer de um vínculo que se equilibra nas asas do virtual? As mensagens são preparadas e revistas; o momento de se sentar diante da tela para conversar com o outro é escolhido para coincidir com o melhor humor. A experiência dele com a italiana confirma que essas ilusões amorosas dificilmente resistem a encontros reais.

Não dá para saber o que ele sente por você, nem o que você sente por ele, pois você nem sabe quem é esse homem, para além dos aspectos que ele escolheu revelar. Você mesma só mostrou seu lado generoso e digno, nunca falou de ciúme nem se queixou da ambiguidade dele.

Quando for encontrá-lo, prepare-se para um encontro com o desconhecido: não dá para saber o que vocês vão sentir. Por enquanto, você está apaixonada apenas por palavras no seu monitor. Resta saber se a paixão resiste à realidade.

Tenho medo de nunca mais ter experiências excitantes, de tão monótona que anda minha vida. Sou casada há alguns anos, tenho vida familiar e profissional sólida, mas às vezes tenho a sensação de que nunca mais vou viver uma aventura, fazer uma

viagem... Sinto-me presa ao cotidiano, mas amo minha família e meu trabalho. Será que nunca mais vou ter a sensação do vento no rosto, aquela que a gente sente ao enfrentar o desconhecido?

Reafirmar a validade dos caminhos e valorizar as conquistas não evita a fantasia de que a vida poderia oferecer um quinhão mais farto. A reação mais justa, diante do medo de já ter feito todas as conquistas importantes, deveria ser de gratidão pela generosidade da vida.

Ninguém pode se queixar (ou se vangloriar) de ter navegado por todas as rotas de sensações que a vida reserva. Por mais amplo que tenha sido o cardápio, é preciso ter a humildade de reconhecer a infinita criatividade da vida para inventar o inesperado: sempre haverá um repertório de emoções a ser inaugurado. É impossível viver, ao mesmo tempo, a tranquilidade do porto e a volúpia das velas ao vento. Mas tranquilidade não se confunde com estagnação: a tranquilidade permite que as vitórias sejam desfrutadas; a estagnação leva à deterioração das conquistas.

Estou namorando há um ano, dos quais dez meses foram a distância. Embora ame meu namorado, não consigo ficar tranquila quanto ao nosso futuro, que tanto planejamos. Isso porque não tenho segurança em relação ao amor dele, mesmo que diga que me ama e demonstre isso. Fico sempre preocupada por ele ser muito egoísta. O que posso fazer para viver melhor, sem tanta insegurança?

A gente tem uma tendência forte de inventar o namorado, para fazer com que ele se aproxime da imagem do príncipe com que sonhamos. Dá certo trabalho manter o mito da "outra metade da laranja", pois na convivência as diferenças teimam em aparecer, e as falhas e as dificuldades humanas tornam-se visíveis. Mas os parceiros fazem uma espécie de pacto secreto para manter tudo isso à sombra e continuar dizendo que foram feitos um para o outro. Num namoro a distância há mais espaço para a imaginação, e o trabalho da realidade fica ainda mais difícil: a comunicação é sempre fragmentada, e a saudade é uma escultora especializada em distorcer lembranças para arredondar arestas.

Você se diz insegura porque reconhece que o namorado é egoísta, embora acredite nas provas de amor que ele lhe dá. As duas percepções não são incompatíveis: um egoísta é capaz de amar e de demonstrar afeto. Sua insegurança talvez seja uma aliada, que chama sua atenção para alguns sinais que devem ser levados a sério. Não acho que você deva ignorar ou combater seu sentimento; eu não seria cúmplice nessa tarefa. Ao contrário, você viveria melhor se não se apressasse em firmar contratos definitivos com alguém que conhece pouco: dois meses de namoro ao vivo não são suficientes para partilhar o quilo de sal de que nossas avós falavam.

Conheci um homem pela internet e, depois de muitos e-mails e telefonemas, tivemos um encontro em que apenas nos beijamos. Nossa conversa pela internet e por telefone continuou amorosa, mas ele não quis mais me encontrar pessoalmente. Ele é separado e eu também. Ele diz que está com problemas pessoais, assegura que não tem outra pessoa e diz querer mais do que amizade. Depois da última conversa que tivemos, decidi não procurá-lo até que ele decida o que quer.

Estou certa em dar um tempo? Ele realmente está gostando de mim? Será que é medo de se envolver?

Impossível saber o que se passa na cabeça de outra pessoa. Só podemos nos fiar nas parcas indicações que nossos órgãos dos sentidos captam: o que vemos e ouvimos são pistas que não podem ser desprezadas, mas jamais nos dão um quadro completo e verdadeiro do que o outro sente. Se você, depois de tantos e-mails e telefonemas, de um encontro pessoal e muitas conversas, não consegue identificar o que ele sente, imagine se eu poderia me atrever a fazer alguma suposição sobre isso.

O que você espera quando faz a proposta de "dar um tempo"? "Dar um tempo" não existe, ninguém é dono do tempo, e ele se escoa, por mais que se tente segurá-lo. Acho que você quer dizer que pretende estabelecer uma distância entre os dois, esperando que surja um movimento mais claro e espontâneo da parte dele. Isso pode funcionar, mas você precisa estar preparada, pois esse movimento pode ser o de se afastar de uma vez. Se isso acontecer, não importa por quais motivos, tanto faz se ele está com medo de se envolver ou se não está gostando de você o suficiente para chegar mais perto.

Mas será que é mesmo importante aprofundar esse vínculo? Por que não se contentar com o relacionamento tal como está? Não dá para saber em que esse vínculo poderia se transformar no futuro, ainda que houvesse propostas concretas e abertas declarações de amor.

Violência

Tenho 19 anos e meu namorado, 29. Namoramos há cinco meses. Durante uma discussão, ele me agrediu fisicamente. Foi uma atitude inesperada, pois até então eu o considerava uma pessoa equilibrada, com quem os desentendimentos eram resolvidos por meio do diálogo. Fiquei assustada, porque não sei até onde ele pode ir. Ele chorou depois do ocorrido e disse que nunca bateu antes em uma namorada. Mas, durante a agressão, dizia que teria coragem de me matar se eu o deixasse.

Eu o amo, mas nunca achei que um dia isso fosse acontecer comigo. Não suporto violência e não achava que o homem que deixou várias oportunidades para ficar ao meu lado fosse capaz de fazer isso. Queria conversar com alguém que pudesse me orientar.

O que aconteceu é mesmo grave e não deve ser minimizado. Não há dúvida de que seu namorado demonstrou uma agressividade extremada e uma perigosa incapacidade de conter e controlar as emoções. Isso não faz dele um psicopata, mas exige cuidados profissionais. Não sei bem o que você quer dizer quando afirma que ele abriu mão de inúmeras oportunidades para ficar com você: isso tanto pode ser sinal de afeto como de loucura.

De qualquer modo, vocês precisam de uma ajuda mais próxima e contínua do que posso oferecer a distância. Não sei se em sua cidade ou em alguma cidade próxima existe uma Faculdade de Psicologia. O melhor caminho seria pedir indicação em uma clínica ligada a uma instituição acadêmica. O atendimento tanto pode ser individual, para seu companheiro, quanto de casal, o que talvez tornasse a proposta mais aceitável para ele. E faria com que você se sentisse como uma aliada de seu amado, numa situação difícil que, de fato, envolveu os dois.

Sou casada há oito anos e, como meu marido era pai solteiro, assumi seus dois filhos. Pensei que isso ajudaria no relacionamento, pois ele é alcoólatra, e fica agressivo quando bebe. Mas não adiantou. Tive novamente esperanças de que ele melhorasse após o nascimento de nossa filhinha, mas já se passaram três anos e nada mudou. Não sei mais o que fazer, pois ele já tentou três vezes um tratamento, sem resultado. Estou ficando maluca, não consigo estudar nem dormir, pois ele muitas vezes me acorda com tapas e murros. Quando está mais calmo, joga água gelada em mim. Tenho vontade de me divorciar, mas penso nos dois filhos dele. O que será deles sem mim?

Pelo que você relata, esse comportamento de seu marido não é novo, a única novidade é a descoberta de que nada do que você faz tem o poder de modificar as atitudes dele. O que a levou a acreditar que assumir os filhos dele iria afastá-lo da bebida e torná-lo menos violento? Como muitas mulheres, você parece tomada pelo espírito de Florence Nightingale[1], a perfeita enfermeira.

Você já conhecia esse enredo – o qual se complicou com a chegada de mais uma criança, que, na sua fantasia, também teria o dom de alterar essa dinâmica nefasta. Agora você já sabe que não existe mágica, conhece as limitações e os riscos desse relacionamento – e já deveria saber que não está em suas mãos controlar nada disso.

Os filhos dele certamente sobreviveriam sem você (aliás, já viviam assim antes de você aparecer). Mas você está de novo embaralhando os fios: se assumiu os filhos dele como seus

---

1 Florence Nightingale foi uma enfermeira britânica, famosa por ter sido pioneira no atendimento a feridos de guerra, o que fazia com notável dedicação e altruísmo.

(embora tenha feito isso acreditando que assim o livraria do alcoolismo), você passou a ser mãe deles – para sempre, não só enquanto durasse a experiência conjugal. E será uma mãe melhor (tanto para eles quanto para sua menina) se parar de apanhar e de tomar banhos gelados. Pelo menos você estará dando a eles um exemplo melhor de dignidade e amor-próprio.

Há dois meses conheci um rapaz e começamos a namorar. Ele tinha acabado de romper uma antiga relação, estava em tratamento psicológico e tomava medicamentos. No começo do namoro, eu estava fria, pois tinha namorado dois meses um homem de 35 anos, com quem perdi a virgindade. E ele sumiu sem me dar explicação. Por isso me sentia usada e não queria mais me relacionar com ninguém. Mas esse outro rapaz se mostrou diferente e acabou me conquistando. Porém, quando disse que estava gostando dele, ele me pediu um tempo sem me explicar por quê.

Às vezes, acho que ele gosta de mim e se afasta por medo de se machucar outra vez. O que será que aconteceu? Por que ele se afastou sem explicações? O pior é que ele fala que tem medo de não conseguir corresponder aos meus sentimentos e me fazer sofrer, pois, quando o conheci, ele estava de baixo-astral e eu o incentivei a voltar a estudar, além de ter conseguido um emprego para ele na minha empresa. Enfim, fui muito boa para ele. Sinto a falta dele e não entendo esse comportamento.

O universo das emoções é mesmo misterioso e inesperado; é impossível entender o que se passa na cabeça do outro.

Parece que vocês dois têm marcas de antigos relacionamentos infelizes, que envenenam o presente. Talvez esse moço esteja precisando de uma boa amiga ou de uma enfermeira eficiente, mas ainda não está seguro para entrar num relacionamento amoroso.

Quando essa história começou, ele estava frágil e necessitado, e você cuidou dele e o ajudou a se reerguer. Existem relacionamentos que só se mantêm quando há uma assimetria desse tipo. Mas essa não é uma boa condição para uma relação amorosa que se quer duradoura. Experimente conversar com ele sobre tudo isso, pois mesmo que vocês não tenham um projeto amoroso, ainda podem continuar bons amigos – e o vínculo de amizade pode ser tão forte quanto o amoroso (e mais durável!).

Meu marido diz que me ama, mas vive me ofendendo e já ameaçou me bater. Devo me separar dele?

Cada um sabe dos próprios limites. Talvez você não se sinta suficientemente ofendida, talvez não acredite nas ameaças que ele faz. Ou quem sabe não tenha coragem suficiente para romper um vínculo que você sonhou durar para sempre. Uma separação só acontece se você estiver convencida de que, no seu relacionamento amoroso, o medo e o ressentimento já são maiores do que a esperança.

Essa é uma questão de foro íntimo, que você tem de resolver sozinha. Ninguém tem o direito de obrigá-la a permanecer casada, se você optar por uma separação. Nem de lhe ordenar que se separe, se você ainda quiser ficar com esse companheiro. Mas é preciso ter coragem para assumir qualquer uma dessas decisões.

Tenho 23 anos e estou noiva, mas tivemos problemas ao longo do relacionamento. Acho perdoável quase qualquer tipo de defeito, exceto a mentira, porque sei que ela tem um poder de destruição inimaginável. Em duas ocasiões, peguei meu noivo mentindo. Nenhuma delas se tratava de traição sexual, mas senti como se tivesse sido traída de verdade. Estou exagerando?

Há mentiras e mentiras. Algumas servem para esconder delitos, outras para criar falsos testemunhos, outras são usadas simplesmente para dar mais sabor e colorido a uma realidade que parece cinzenta e sem graça. Há ainda aquelas mentiras chamadas de "piedosas", que servem para poupar sofrimentos (considerados inúteis). São categorias diferentes, não têm as mesmas consequências, e nem todas são destrutivas. Então, não se pode ter o mesmo rigor com todas as mentiras.

De fato, mentiras podem ter um poder de destruição imenso, mas poucas podem causar tanto mal à humanidade quanto a intolerância. Não sei de que tipo são as duas mentiras de seu noivo, mas acredito que a perfeição não é um atributo humano. A tolerância é.

Vamos completar dois anos de um namoro saudável, em que cada um de nós mantém a própria individualidade.

Há algum tempo, meu namorado perguntou se podia dar uns tapinhas no meu bumbum durante o sexo. Achei engraçado e topei, até gostei. Pouco tempo depois ele disse que estava com vontade de bater no meu rosto. Fiquei assustada e

perguntei o porquê dessa vontade, e ele respondeu que isso acontecia por causa da cara de menina sapeca que eu faço quando transamos. Concordei com a experiência e ele não bateu forte em meu rosto. Deu algumas palmadas quando eu estava próxima do orgasmo. Na hora que ele terminou, dei duas palmadas no rosto dele, por ele ter exagerado. Depois conversamos e eu disse que tinha medo que acabássemos perdendo o respeito um pelo outro, e que numa discussão a violência viesse à tona. Ele ficou calado e mudamos de assunto. No dia seguinte, me pediu desculpas, disse que tinha exagerado, que não queria me machucar e que só bateria no meu rosto novamente se eu quisesse.

Não sei o que fazer, porque até gostei, mas tenho receio quanto ao nosso comportamento.

É difícil definir o que é ou não saudável no relacionamento sexual entre adultos. O importante é que os limites de cada um sejam respeitados e que o clima seja de carinho, e não de agressão. Só há um jeito de ter certeza: identificar que emoções são mobilizadas no relacionamento como um todo, e não só durante os jogos sexuais. A questão não está no número de palmadas ou na intensidade delas, mas no que isso provoca em você.

Portanto, só você mesma pode saber se estão saindo do espaço do erótico e do lúdico para penetrar no universo sombrio da violência e da agressão. Parece que há entre vocês uma boa comunicação. Procurem, então, conversar sobre o que você sente. O medo não é um bom ingrediente do relacionamento amoroso.

Estou em uma crise existencial, amo um canalha, que ainda por cima violentou minha melhor amiga. O que devo fazer?

O que fazer? Ora, cair fora o mais depressa possível.

Depois, procure descobrir por que a canalhice desse homem desperta seu interesse. Porém, tente desvendar isso de longe, olhando para dentro de você, e não para esse homem que você diz amar, mas a quem descreve com tanto desprezo.

E lembre-se: dor de amor passa, mas a ligação com um canalha pode produzir marcas indeléveis.

Diferenças

Para que um relacionamento amoroso dê certo, é necessário que o casal tenha exatamente os mesmos objetivos?

Depende. Às vezes, objetivos diferentes – desde que não sejam antagônicos – podem enriquecer a vida do casal. Se as metas forem diferentes, mas não incompatíveis, nada impede que os parceiros decidam, juntos, a que metas darão prioridade para se aliarem numa estratégia comum.

Objetivos aparentemente incompatíveis também podem ser conciliados se o casal tiver boa vontade para tanto. Cada um de nós é composto de diferentes facetas, ninguém é só de um jeito: quem é caseiro tem um lado aventureiro, quem gosta de arriscar também deseja um porto seguro. Se duas pessoas se apaixonam, é possível até que se sintam atraídas por encontrar, no outro, o lado menos conhecido, menos desenvolvido de si mesmo.

As diferenças de objetivos só se tornam empecilho quando os parceiros, em vez de conciliarem as divergências, dedicam-se a uma estéril queda de braço para convencer o outro de que seu objetivo é o único que dá sentido à vida.

Saí de um casamento frio e sufocante. Tenho 41 anos, porém aparento menos e sempre gostei de estar no meio de gente mais nova. Conheci um rapaz de 22 anos por quem me apaixonei e estamos fazendo planos. Ele é carinhoso, atencioso e temos os mesmos gostos. Além disso, nosso relacionamento sexual é excelente. Mas fico cheia de grilos e receios. Não tenho coragem de pedir conselho a nenhuma amiga, com medo de me acharem ridícula por namorar um rapaz tão novo. Será

que um relacionamento com tanta diferença de idade pode dar certo, ou isso é coisa que só dá certo na ficção?

Uma diferença de idade não é só uma questão cronológica, do que o tempo faz com as pessoas: é uma questão de bagagem, isto é, do que as pessoas fizeram com o tempo. O tempo, sozinho, faz apenas rugas e cabelos brancos; o que conta são as experiências vividas dentro do tempo. E, além de um casamento frustrado, não sei o que você fez nos seus 41 anos de vida, ou, mais especificamente, nos 19 que a separam do atual companheiro. O problema está na maneira como o casal vai lidar com as diferenças. Às vezes, as diferenças são enriquecedoras e tornam a relação mais viva e interessante. Em outros casos, essas mesmas diferenças servem de pretexto para agressões cruéis, que podem até inviabilizar a vida em comum.

Não dá para dizer, de antemão, o que vai tornar um casal feliz ou infeliz. Mas uma coisa é certa: quem tem medo do ridículo jamais vai poder viver uma história de amor, pois o amor nos faz ridículos mesmo, quaisquer que sejam as idades dos parceiros.

Tenho 33 anos, um filho de 7, e não namoro há dois anos. Não costumo sair para baladas. Quando saio, quase sempre arranjo alguém, mas só para aquele momento. Não sei se os homens não querem um relacionamento mais prolongado, se só querem se divertir. Não acho isso ruim, mas gostaria de ter um relacionamento mais duradouro.

Atualmente, estou ficando com um rapaz de 25 anos, que trabalha na mesma empresa que eu. Sou do signo de Aquário, e ele, de Virgem. Ele é muito reservado, e não sei quase nada

sobre o que faz, quantas namoradas teve, nada que permita a gente se conhecer melhor. Ele não me convida para sair, não me telefona – a não ser uma única vez, à 1h da madrugada, dizendo que estava com saudade. Eu o vejo quase todos os dias, mas só ficamos um pouco juntos. Quero mais, mas não sei como agir com pessoas caladas. Não sou assim, sou espontânea e gosto de romances, viver a vida, viajar, amar.

Seu comportamento não reflete o desejo de encontrar uma parceria duradoura. A maioria das pessoas que frequenta "baladas" está em busca de momentos prazerosos e nada mais do que isso. Um relacionamento que começa por aí dificilmente tem a chance de mudar de rumo (embora isso não seja impossível).

Ser espontânea e gostar da vida não significa necessariamente ser tagarela. O moço reservado talvez valorize outros aspectos da vida, talvez curta prazeres diferentes dos que acontecem nas baladas. Não sei o que você chama de "ficar", palavra que não tem uma definição clara, mas não me parece que essa palavra descreva o seu relacionamento com o colega caladão. Também não sei o que significa ser de Virgem ou de Aquário. Pode ser que seu destino e o dele estejam escritos nos astros, mas pelo fato de eu desconhecer o alfabeto cósmico, não sei como ler essas mensagens. De qualquer modo, tenho certeza de que essa escrita não é definitiva, alguma liberdade a gente há de ter para fazer escolhas. E, se a conduta for coerente com a escolha, as chances de sucesso são maiores.

Converse com seu colega, se você tem algum interesse em conhecê-lo. Pode até ser que ele fique mais retraído por se intimidar com a sua expansão. Lembre-se: o principal ingrediente de uma boa conversa é uma escuta atenta.

Geralmente começo a namorar sério, mas o relacionamento sempre acaba quando se aproxima de dois anos. As crises começam e sou muito nervosa. Será que o erro está em mim?

A maioria dos relacionamentos amorosos começa com a crença de que se encontrou a "alma gêmea", ou "a outra metade da laranja" – ou qualquer outra expressão que reflita a ideia de que os parceiros foram feitos um para o outro e têm os mesmos gostos e emoções. Assim, no início do namoro, há uma tendência a valorizar as semelhanças e negar as diferenças, de modo a minimizar as áreas de atrito. Depois de dois anos (um pouco mais, um pouco menos, dependendo da intimidade do casal), as diferenças começam a aflorar – e aí a relação entra num dilema entre o aprofundamento ou a ruptura do vínculo.

Para algumas pessoas, é assustadora a descoberta de que o parceiro tem interesses de que não partilham, e elas preferem sair da relação a lidar com as diferenças. Assim, perdem boas oportunidades de formar uma parceria verdadeira. Será que esse é seu caso?

Meu marido e eu não conseguimos conciliar o horário de dormir. Acordo às 4 horas da manhã para trabalhar e gostaria de dormir cedo, mas ele só dorme depois de meia-noite. Não aguento e acabo dormindo no sofá. Ele fica magoado, pois só tem a noite para ficar comigo. Entendo, mas não estou acostumada a dormir só quatro horas por noite. Já conversamos sobre isso, e ele até tentou dormir mais cedo, mas depois tudo voltou a ser como antes. Ele diz que só penso em dormir. O que faço?

Na vida de todos os casais há desencontros inevitáveis, que nem sempre passam pelo relógio. O importante é cuidar da qualidade dos momentos de encontro para que não sejam envenenados por acusações e cobranças. Existem tréguas do cotidiano, em fins de semana, feriados, férias. Quando os momentos em que a intimidade se faz possível são, em vez de serem desfrutados, usados para mobilizar ressentimentos e mágoas, cabe pesquisar se os desencontros são mesmo provocados pelas condições impostas pela realidade externa ou se são estas que servem de escudo para esconder desencontros mais profundos, derivados de frustrações e insatisfações mútuas – que nada têm a ver com o relógio.

Meu namorado diz que não está pronto para casar, mas quer morar comigo. O que fazer?

Não sei como alguém avalia se está ou não "pronto para casar", nem o que fazer para apressar esse processo. Será que você demonstra esperar tanto do casamento, a ponto de seu namorado achar que não vai conseguir atender às suas expectativas?

Talvez ele não esteja disposto a encarar uma proposta com intenção de permanência. Cabe a você decidir em que termos você se dispõe a fazer um casamento por etapas: passar os fins de semana juntos, morar na mesma casa durante a semana inteira, abrir uma conta-conjunta no banco, planejar filhos, ter filhos, assinar papéis, chamar os amigos e parentes para partilhar um rito de passagem. Os degraus são muitos, e cada casal compõe essa escalada com a sequência que lhe parece mais adequada. Converse com seu namorado, definam juntos um roteiro que atenda aos dois, e boa sorte.

Tenho 26 anos e namoro há dois anos. Meu namorado quer marcar o noivado e casar no início do próximo ano. Estou confusa, porque acho que ainda é cedo. Queria terminar a faculdade e me estabilizar no emprego antes de assumir esse compromisso. Ele está decidido e eu só fico enrolando. Tenho medo de pedir mais tempo para pensar e ele ficar magoado.

Você alega razões práticas para adiar esse casamento, mas serão esses os motivos verdadeiros? É para terminar a faculdade que você precisa de tempo? E você acredita mesmo que só as solteiras podem ter segurança no trabalho?

O constrangimento de conversar sobre sua indecisão com o namorado é sinal de que deve haver mais emoções do que razões por trás do desejo de adiar o casamento. Avalie seus sentimentos, localize suas dúvidas: será medo de assumir um compromisso? Ou insegurança quanto à escolha desse homem para seu companheiro? Quando você tiver clareza do que sente, será mais fácil contar para ele.

Meu namorado é muito fechado e tenho medo de falar qualquer coisa que possa magoá-lo. Estou errada?

É difícil navegar sem mapa. Se o parceiro é fechado e não diz com clareza o que o agrada ou desagrada, sempre haverá o risco de tudo o que você disser ou fizer provocar mágoa. Uma pessoa que se magoa com tudo o que ouve, não aceita desculpas e não explica o que sente só pode conviver com alguém que esteja disposto a emudecer. Mas renunciar à própria voz (e, consequentemente, perder o acesso ao próprio desejo) é um preço alto demais para preservar uma relação amorosa.

Foi o que aconteceu com a Sereiazinha, do conto de Andersen, que decidiu trocar a cauda que a caracterizava por um par de pernas. O preço que ela pagou foi renunciar justamente àquilo que mais a valorizava aos olhos do príncipe: sua bela voz. E, então, muda, e sem poder se locomover com destreza, renunciou ao seu mundo para viver no universo do amado, que obviamente ela não conseguiu conquistar.

A lição vale para os humanos: abrir mão da própria voz para agradar ao outro só pode dar encrenca.

Conheci um homem inteligente, ótimo papo, atencioso, divertido, que dá a entender que está a fim de mim. Trocamos e-mails toda semana e, às vezes, jantamos juntos. Tenho certa atração por ele, mas não consigo lidar com o fato de ele ser bem mais baixo do que eu.

É incrível como facetas contraditórias convivem dentro do ser humano. Você navega impávida pela tecnologia, enquanto nutre um dos mais antigos preconceitos sobre a relação entre um homem e uma mulher: o de que uma mulher precisa de um homem mais velho, mais forte, mais alto, mais... o quê?

Ao encontrar alguém com tantas qualidades, em vez de agradecer aos céus, você se preocupa com diferenças de centímetros – diferenças que desaparecem quando vocês estão sentados ou trocam e-mails. Mais ainda: na horizontal, deitados em uma cama, a diferença de altura certamente desaparece. Em outras palavras: o que a incomoda é sua fantasia sobre o que os outros pensam ao vê-la em companhia de um homem baixinho. Se os outros forem sábios, não pensarão nada; se não forem sábios, pensarão o mesmo que você. E, se é assim que você pensa, melhor procurar um parceiro bem alto nas aulas de malhação das academias, com o risco de incorrer em escolhas mais decepcionantes.

Família

Há 11 anos conheci um rapaz e dois anos depois tivemos uma filha. Nós nos separamos logo que ela nasceu, apesar de eu o amar muito. A separação foi difícil e aconteceu em um momento em que eu estava sem apoio da família e sem emprego. Entretanto, no mesmo ano consegui um bom emprego, conheci outro rapaz e nos casamos (temos uma filha de 5 anos).

No ano passado, tive um relacionamento com o pai da minha filha mais velha e fiquei separada por oito meses. Percebi, ao final desse tempo, que aquele homem continuava cafajeste. Resolvi voltar para meu marido e consegui anular o processo de divórcio. O que sinto por minha filha de 5 anos é diferente do sentimento que tenho pela de 9. Minha relação com a mais velha é difícil, ela faz tudo para me irritar. Não consigo beijá-la, não consigo brincar com ela. Sou muito seca. Isso piora quando vejo nela semelhanças com o pai. Ela me desafia e não presta atenção no que falo.

Hoje, grávida de oito meses, essa situação me preocupa, porque acho que ela percebe minha forma de tratá-la. Ajude-me a tirar esse peso, que me segue desde quando ela tinha 2 anos de idade, porque até então eu a tratava com muito carinho. Por que mudei? Será que não gosto dessa filha? Ela está crescendo e quero agir logo, antes que seja tarde.

Existem muitos mitos a respeito da maternidade que contribuem para tornar mais complicada uma função já difícil por natureza. Sentimentos de culpa, de inadequação e de incompetência são parceiros constantes de uma mãe, mesmo quando as condições familiares são consideradas ideais para criar os filhos. O que dizer dos sentimentos que invadem uma mulher que se vê personagem de um enredo atribulado como o seu? Quantos medos e culpas, quanta expectativa depositada nessa criança, tantas vezes desejada e querida, e outras tantas, incômoda e intrusa...

Imagino que, com a anulação do divórcio, você e seu marido gostariam que se anulasse também tudo o que um dia separou o casal. Mas essa mágica não existe, e essa menina é um testemunho vivo de uma história que já causou sofrimento à família. Como evitar que ela seja depositária do que se quer esquecer, mas teima em se fazer presente? Como defendê-la (e defender-se!) das marcas desse parceiro cafajeste e sedutor, que mobiliza emoções intensas e contraditórias?

Você diz que ela faz de tudo para te irritar. Acho que a menina já percebeu que é mais fácil provocar sua raiva do que sua ternura, que um comportamento inadequado é o caminho mais eficiente para ter sua atenção. Sua filha mais nova é uma boa filha também porque tem uma boa mãe – e provavelmente um bom pai.

Não é fácil romper sozinha esse círculo de sofrimentos. Mas, certamente, você e ela não estão desamparadas. Há de haver por perto alguém (mãe, pai, irmãos) que possa ajudá-las, oferecendo tréguas para que vocês possam estar juntas em situações mais tranquilas, com menos cobranças e tensões.

Nada como a chegada de uma vida novinha em folha para propiciar uma mudança na dinâmica familiar, mobilizar emoções novas e atualizar as antigas. Uma menina de 9 anos sente-se importante quando pode colaborar nos cuidados com o bebê. Aproveite essa oportunidade para ajudar sua filha a desenvolver facetas novas e comece a valorizá-las. Quem se sente querida certamente fica mais feliz. E quem está feliz tem comportamentos mais adequados – e é mais querida.

Sou lésbica. Faz algum tempo que minha mãe descobriu isso e, desde então, não me deixa em paz. Estou pensando em sair de casa, pois tenho 20 anos, já morei sozinha no Japão por três anos e penso que tenho condições para isso. Mesmo assim, não sei se essa seria a decisão adequada.

O que devo fazer? Minha mãe já disse que não aceita minha escolha e penso que ela não vai mais me deixar em paz.

Você tem o direito de viver suas preferências sexuais, mas sua mãe também tem o direito de expressar o que sente em relação a sua escolha. Você deveria ter, pelos sentimentos dela, o mesmo respeito que espera que ela tenha pela sua liberdade. Não dá para pretender que ela tenha a reação que você gostaria que tivesse, assim como ela não pode querer que você só faça as escolhas que ela faria.

Não creio que sair de casa resolva essa questão. Se o que você quer é a aprovação de sua mãe, precisa levar em conta que a reação dela não é apenas fruto de preconceito: ela pode estar sinceramente preocupada com as dificuldades que você terá de enfrentar na sua vida social e profissional, por estar numa rota diferente das tradicionalmente aceitas. Se você adotar, diante de sua mãe, uma atitude de hostilidade e desafio, o entendimento entre vocês ficará ainda mais distante. Dê um tempo para ela entender que você continua a ser a mesma pessoa que sempre foi, qualquer que seja o tipo de genitais de seu par amoroso, e tenha pela posição dela o mesmo respeito que gostaria que ela tivesse pela sua.

De qualquer maneira, prepare-se: ela não será a única pessoa a desaprovar a sua escolha. Se você estiver segura do que sente, não precisa transformar uma escolha amorosa (que é do universo da intimidade) em bandeira de luta.

Não suporto minha sogra. Além de meu marido sustentá-la com o que há de melhor, ela se mete em tudo. Tento fingir que está tudo bem, mas me sinto cada vez mais deprimida e com muito ódio no coração. Como meu marido sempre morou com a mãe, ele fica contra mim. Eu não queria que ela morresse, mas gostaria que ela não falasse mais! Não estou exagerando, se você a conhecesse, sentiria dó de mim.

A relação entre nora e sogra é mesmo difícil, o anedotário sobre o assunto não é mentiroso, é apenas exagerado. Afinal, esse é um confronto entre duas mulheres que amam o mesmo homem e acreditam saber o que é melhor para ele.

Não sei por que você quer que eu sinta dó: não sei o que você faria com a minha piedade, pois já sente bastante pena de si mesma e parece que isso não lhe serve para nada. Sua sogra não pode ser tão poderosa como você a descreve. Ninguém tem tanto poder sobre o outro, a menos que esse outro seja cúmplice do enredo de dominação. Ela pode falar quanto a boca lhe permitir, mas você só escuta o que seus ouvidos deixam entrar. Então, fique um pouco mais fria e distante. O que seu marido dá à mãe é assunto deles, e não lhe diz respeito.

Você pode tomar conta do que você dá e do que recebe, mas não tem poder para administrar as transações afetivas ou materiais entre esse homem e a história dele, que são pautadas num roteiro no qual você não foi nem sequer figurante.

Cuide de sua história com o parceiro: nesse enredo, atual, você é a protagonista. A sogra poderá ser coadjuvante, figurante ou fantasma, conforme o poder que for concedido a ela. Por você.

Desde que perdi meu pai, me sinto abandonada. Moro sozinha, pois minha mãe mora no interior. No ano passado, conheci Jr., por quem me apaixonei. Namoramos por alguns meses e, ao lado dele, me sinto protegida, como se ele fosse minha tábua de salvação. O meu irmão, que é um cachorro, veio morar na minha casa e aí meus problemas se agravaram. Ele não me ajuda financeiramente e se comporta como se fosse o dono do pedaço. Agora, ele levou uma mulher pra dentro de minha casa. Comuniquei a meu irmão mais velho que iria colocar meu outro irmão na rua, mas o mais velho não me deu apoio: disse que o problema é meu. Isso me doeu, mas percebi que não adianta me calar, tenho de lutar contra tudo e contra todos para realizar meus sonhos. Você pode me orientar?

O Jr. não pode ser sua "tábua de salvação". Nenhum homem pode (nem o irmão mais velho, nem mesmo o pai, pois, como você sabe, até o pai corre o risco de morrer e abandoná-la). Quanto ao "cachorro do seu irmão", não vejo como ele pode ser culpado de todas suas desventuras. Se você não quer acolhê-lo em casa, trate de mandá-lo embora. Desfaça o contrato com a imobiliária, não pague mais o aluguel, não abasteça a geladeira e, se for o caso, vá passar uns tempos com sua mãe no interior. Afinal, quem ficou viúva e está sozinha é ela, não você. Não tente responder pelo que está fora de sua competência. Quando você se coloca mais disponível e forte do que na realidade é, acaba precisando ser resgatada por alguém mais poderoso.

Para realizar os seus sonhos, não é necessário (nem suficiente!) ir contra tudo e contra todos. O importante é colocar os sonhos onde suas mãos possam alcançá-los com seu próprio esforço, sem ficar na dependência da boa vontade do irmão mais velho ou do bom senso do irmão mais novo. E muito menos das intenções de falsos príncipes.

Meu pai e meu marido sempre se deram bem, até o nascimento de minha filha. Parece que os dois disputam quem é mais carinhoso e quem gosta mais da menina. Se ela quer ir para o colo de um, o outro morre de ciúme. Eles discutem e eu fico no meio sem saber como agir. Tenho medo de que essa disputa deixe minha filha traumatizada. Como abordar o assunto com meu marido e com meu pai? O que posso dizer a eles? Será que eles precisam de uma orientação profissional?

Sua filhinha tem sorte, pois raramente um bebê humano é cercado por figuras masculinas. Em geral, o filhote humano é rodeado por uma horda de mulheres que disputam sua atenção: mãe, avó, tia, madrinha, babá, vizinha, professora, diretora, orientadora, inspetora, a moça da cantina, e tantas mais. Os poucos homens que tentam romper esse cerco são desencorajados por observações diretas ou sutis, bastante eficazes para convencê-los de que são incompetentes.

E aí está você, tomada pela angústia de que as demonstrações de afeto desses dois homens venham a prejudicar sua menina. É provável que a disputa entre eles seja diferente da competição que se estabelece entre mãe e avó, ou entre as avós: os homens são mais diretos, menos velados. Mas as crianças sabem lidar com diferenças e suportam perfeitamente o desajeitamento dos adultos.

Por que esses homens precisariam de ajuda profissional? A humanidade só teria a ganhar se mais homens tivessem oportunidades de aprender a se relacionar afetivamente com crianças e bebês. Mas, para tanto, é preciso que as mulheres abram mão da crença de que cabe a elas zelar por esse relacionamento.

Não acredito que essa disputa traumatize sua menina. Se você fica aflita quando a situação se instala, saia de perto. As crianças são sensíveis à ansiedade das mães, e sua filha pode ficar confusa com a reação que você tem diante das manifestações de carinho do pai e do avô.

Fique sossegada e confie nesses dois homens – afinal, são os mais importantes de sua vida, não é mesmo? Ou será que você está com ciúme da menina?

Por que, quando nasce o primeiro filho, o casamento fica tão abalado? O que fazer se a rotina toma conta do casamento?

O primeiro filho tende mesmo a provocar um turbilhão na vida de um casal. Em primeiro lugar, porque transforma um casal em uma família: o marido se torna pai e a mulher se faz mãe. Depois, porque o nascimento de um bebê leva os parceiros a confrontarem as diferentes bagagens que trouxeram das respectivas famílias a respeito da maneira de criar um filho. E, por último, porque existe uma grande discrepância entre as fantasias do casal a respeito do que significa ter um filho e as exigências concretas impostas pela presença de um bebê real.

Ao mesmo tempo (e por isso mesmo), essa é uma das maneiras mais eficientes de tirar o casamento da rotina. Em vez de procurar resgatar a condição anterior, aproveitem para descobrir os canais de comunicação e de conhecimento mútuo que essa nova situação propicia.

Terminei um namoro de dois anos, mas ainda amo meu namorado. Minha mãe tomou dinheiro emprestado dele e até hoje não pagou. Isso causou problemas entre os dois e, no final, entre mim e os dois. Continuamos conversando, mas parece que ele só quer falar comigo quando precisa de algo, ou quer fazer sexo. Temos (ou tínhamos) uma boa amizade, mesmo eu estando nos Estados Unidos e ele no Brasil. Mas sinto dificuldade de ir em frente. O que faço?

Não dá para saber se ainda há algum vínculo amoroso entre você e esse moço, depois de passar por situações adversas e contaminadas como as que você descreve. Se ele emprestou dinheiro à sua mãe e ela não pagou, esse assunto não diz respeito a você, mas a eles dois. E se você está nos Estados Unidos e ele está aqui, não sei como vocês conseguem ter um relacionamento sexual...

Acho que você deveria mesmo seguir sua vida, ainda que tenha dificuldades para isso. Parece mais fácil esquecer essa relação e partir para outra do que limpar todas essas encrencas e retomar esse vínculo.

Namoro um cara que é filho único, muito apegado à mãe viúva. Ela me trata bem, mas é distante. Já falamos em casamento e ele me disse que tem dó de deixá-la só e gostaria que ela morasse conosco. Como fazê-lo tirar essa ideia da cabeça?

Será que sua possível futura sogra gostaria de morar com o casal? O tratamento cordial mas distante mostra que não há entre vocês intimidade suficiente para saber quais seriam os planos dela. Se ela for uma pessoa independente e com autonomia para tocar a própria vida, talvez prefira morar sozinha. Os filhos adultos têm muitas fantasias a respeito da incompetência e da fragilidade dos pais, talvez pela perda da idealização dos pais poderosos da infância. Mas raramente essas imagens têm respaldo nas figuras reais. Pode ser que seu namorado esteja exagerando a importância que a mãe atribui à presença dele.

Pode ser também que ele esteja apenas testando sua capacidade de acolhimento. Para um "filho único muito apegado à mãe viúva", certamente é fundamental que a futura esposa tenha um bom relacionamento com a sogra. E, se você já está empenhada em trabalhar para que ele "tire essa ideia da cabeça", corre o risco de ser vista como egoísta e mesquinha. A perspectiva de começar uma vida de casado a três não agrada a ninguém (provavelmente nem a seu namorado), mas por enquanto parece que essa possibilidade foi apenas mencionada, não é uma proposta concreta.

Antes de resolver um problema que não existe, convém olhar para um problema que talvez exista entre vocês: a falta de uma comunicação mais franca e direta sobre os planos que cada um tem para o futuro dessa relação.

Novo pai?

Tenho 16 anos e estou enfrentando uma fase complicada. Meus pais são separados há quase 15 anos e sinto muita falta do meu pai. Há pouco tempo entrei em forte depressão e o médico me receitou remédios. Isso é normal em adolescentes filhos de pais separados?

Sentir a falta do pai, aos 16 anos, é, além de normal, extremamente saudável. Mas, na sua idade, você já tem autonomia para procurar por ele sem precisar da mediação de sua mãe nem de ninguém.

A separação de um casal não implica que pai e filha também tenham de se separar, embora, infelizmente, isso seja comum: há uma espécie de regra não explícita de que a relação entre o pai e os filhos deve passar pela mãe. Quando as crianças são pequenas, é difícil furar essa norma. Mas, agora, você já pode estabelecer um vínculo direto com seu pai, sem precisar nem da autorização nem da bênção de quem quer que seja. Um encontro com ele traz o risco de você se frustrar, de descobrir que seu pai não é, de fato, o pai que você gostaria de ter.

Mas não é fácil ter 16 anos. Essa é uma fase complicada da vida, até para os adolescentes cujos pais não se separaram. Talvez você sinta falta de um pai feito sob medida para ajudá-la a atravessar esse período, mas não creio que esse pai exista no mundo real. Afinal, o pai ideal para alguém de 16 anos teria de ter 17 ou 18 anos – o que, felizmente, é uma impossibilidade biológica.

Se minhas contas estão certas, você mal tinha 1 ano de idade quando seus pais se separaram – o que deve ter dado margem a muitas fantasias sobre esse pai desconhecido. Um encontro real com seu pai verdadeiro pode fazer você conhecer o pai real que tem e lhe dar a oportunidade de aprender a lidar com ele, em vez de passar os próximos anos sofrendo pela falta de um fantasma.

Minha esposa e eu estamos em crise há muito tempo. Recentemente, descobri que ela tem um amante. E o pior: ela o trouxe algumas vezes em reuniões de família, inclusive na presença de nosso bebê, que está bastante afetado pela crise que piorou o nosso casamento. Em caso de separação, quais são meus direitos legais, se eu quiser a guarda da criança?

Entendo pouco de direitos legais, acho que por aí não tenho como ajudá-lo. Consulte um advogado para saber da legislação, mas não se esqueça de que há outros direitos e deveres envolvidos em uma separação e que um acordo medíocre pode ser melhor do que a mais brilhante das brigas. Lembre-se: uma criança precisa de pai e de mãe, juntos ou separados, independentemente de quem tem a guarda.

Nessas situações, é fundamental esperar a poeira emocional assentar antes de tomar decisões que são mais definitivas do que as paixões. Em outras palavras: com o tempo, a raiva passa, mas o mal que ela provoca pode ficar para sempre.

Meu marido não dá atenção aos nossos filhos. O que devo fazer?

Não há nada que você deva fazer. Talvez o problema esteja justamente na crença de que cabe a você zelar pelo relacionamento entre seu marido e os filhos. Se você der menos atenção ao relacionamento deles, talvez as condições se tornem mais favoráveis para que eles se olhem, pai e filhos, sem a mediação e o controle constantes de uma mulher.

Também não há muito que você possa fazer, além de respeitar o espaço deles. É esse o pai que seus filhos têm, é com esse pai que eles têm de aprender a lidar. Não adianta querer interferir: por melhores que sejam suas intenções, você provavelmente vai mais atrapalhar do que ajudar.

Se seus filhos têm queixas quanto à atenção que o pai lhes dedica, devem ser encorajados a encaminhá-las diretamente a ele, e não a você. Não vale a pena funcionar como moleque de recados ou intermediária entre pai e filhos. Se você insistir em se intrometer, mesmo acreditando ser útil e conciliadora, é provável que acabe criando atritos (dispensáveis) entre você e seu marido e entre você e seus filhos, sem conseguir diminuir os desentendimentos (esses, sim, inevitáveis e úteis) entre eles.

Não é fácil para um homem fazer seu caminho junto de um filho. Romper o cerco das mulheres que costumam rodear uma criança é tarefa de gigante. Mas paternidade é assunto de homem. Tenho certeza de que existe um jeito masculino de lidar com bebês e crianças, embora poucas mulheres permitam que o parceiro desenvolva seu modo de trocar uma fralda, dar uma mamadeira ou oferecer uma papinha. As tentativas masculinas de executar essas atividades são rapidamente interrompidas por mulheres sabidas, ansiosas por tripudiar sobre o desajeitamento masculino. Mães, avós, tias, enfermeiras e babás parecem convencidas de que é dever delas impor a todos os pais sua maneira de lidar com as crianças, sem levar em conta as óbvias diferenças de tamanho e estilo.

É difícil aprender sob pressão. E quem não pode errar tampouco pode aprender. Se as mulheres aprendessem a conter a ansiedade e olhar para outro lado quando um homem lida com seu filho (de qualquer idade), poderiam ter boas surpresas.

Qual é o papel do pai e o da mãe na educação dos filhos, quando o casal se separa? Geralmente, os filhos ficam com a mãe (no meu caso, não abro mão disso!). Fica a cargo da mãe a educação diária (banho, escovar os dentes, dever de casa, amarrar o tênis, limpar o bumbum direito...), e ao pai, que não os vê com frequência, cabe a função de enchê-los de presentes e passeios; só o lazer. Sinto que fiquei com o papel de vilã da história: eu educo e o pai mima...

Os papéis de mãe e de pai na educação dos filhos são confusos na maioria das famílias, e esse enredo não é prerrogativa de casais separados: a encrenca é a mesma nos casos de casais que vivem juntos. Será que antes da separação a dinâmica da sua família era diferente? Ou você já era responsável por todo esse rol de cuidados que menciona agora?

Difícil dizer quanto dessa dinâmica é obra da mãe (que tende sempre a "não abrir mão" do papel de guardiã dos filhos), ou do pai (que se acomoda num relacionamento distante e burocrático, geralmente mediado pela mãe). O fato é que com essa dinâmica todos perdem: o pai não consegue formar um vínculo direto com os filhos, estes perdem por não terem a oportunidade de conhecer de fato o pai que têm, e a mãe fica imprensada entre o marido e os filhos, carregando um peso maior do que precisaria.

Quando o casal se separa, a tendência é que o vínculo entre o pai e os filhos fique ainda mais distante e desajeitado. E essa dinâmica ainda faz um uso nefasto dos filhos, que são injustamente jogados contra o pai e a mãe, como se fosse desleal formar um vínculo verdadeiro e afetivo com qualquer dos progenitores.

É melhor ficar longe dessa encrenca. Cuide de sua relação com as crianças (como, aliás, sempre fez) e afaste o olhar do que se passa entre pai e filhos (como, aliás, deveria ter feito sempre).

Sou casada e estou grávida de sete meses. Adoro fazer sexo, só que meu marido hesita porque teme machucar o bebê. Já tentei convencê-lo, mas na hora H ele bate em retirada ou não espera pelo meu orgasmo e termina logo. Já o flagrei várias vezes masturbando-se no banheiro, e isso me magoa. O que eu faço? Estou desesperada...

Não existe nenhuma razão fisiológica para restringir os encontros sexuais (ou a intensidade deles) durante a gravidez. Mas o aspecto fisiológico conta pouco nessa história: emoções intensas são mobilizadas nesse momento da vida de um casal, principalmente para o homem, a quem não cabe nenhum papel fisiologicamente definido. Durante a gestação, o pai fica excluído do vínculo entre mãe e filho e, sem um roteiro à mão, não tem muito o que fazer para demonstrar afeto. Ainda por cima, nossa cultura tende a fazer uma idealização da imagem da maternidade, da qual exclui todos os traços de sensualidade, de modo que um homem pode ficar intimidado com a confusão em relação aos papéis de mãe e amante.

Isso, no entanto, não é caso para mágoas e desesperos, já que essa pode ser a primeira oportunidade para lidar com as inevitáveis diferenças entre mãe e pai diante do filho. Lembre-se: a maternidade é um dado biológico, mas a paternidade é um aprendizado e uma conquista. Tente não atrapalhar muito.

Meu filho vive me perguntando se vamos voltar a viver com o pai dele. Como responder, se não sei a resposta?

Se você não sabe a resposta, por que não diz isso a ele? "Não sei" é uma resposta honesta e verdadeira. No entanto, se ele insiste na pergunta (imagino que você já tenha dado essa resposta, além de muitas outras...), provavelmente é porque não é da resposta que ele precisa, mas da oportunidade de formular um desejo, expressar uma angústia, ou simplesmente falar de um assunto difícil. Talvez ele sinta falta do pai, mas tenha medo de que você interprete isso como deslealdade.

Você se separou de seu marido – e, provavelmente, tinha bons motivos para isso –, mas seu filho não se divorciou do pai. De fato, o pai dele é um personagem que você não conhece: só ele sabe do pai que tem, e este é um personagem diferente de seu marido. Maus maridos podem ser bons pais, e vice-versa. A área de sobreposição desses dois papéis é pequena. Então, deixe que seu filho lhe conte um pouco sobre como ele vê o pai, abra-se para uma conversa em que os ouvidos atentos sejam mais preciosos do que a língua mais esperta.

Em outras palavras: em vez de bombardear seu filho com novas respostas, procure oferecer uma nova escuta, para entender melhor o que ele quer transmitir quando insiste na pergunta.

Indecisões

Como saber se estou na profissão correta? Devo fazer um teste vocacional?

Não existe uma "profissão correta", assim como não existe o "parceiro certo". O ser humano é plástico, capaz de se amoldar a diferentes trabalhos e parcerias. E nenhum teste, seja vocacional ou não, pode saber mais sobre seus interesses e aptidões do que você mesma.

Se você gosta do que faz, tem projetos significativos e seu trabalho a ajuda a alcançar seus objetivos, não vejo motivo para questionamentos. Mas, se não está satisfeita, procure informar-se sobre outras possibilidades ao alcance de suas qualificações – ou trate de se preparar melhor, estudando para ampliar seu leque de escolhas.

Estou apaixonada por dois homens ao mesmo tempo. Isso é normal? Como escolher entre eles?

Você já entrou numa dessas doceiras com balcões envidraçados que exibem doces coloridos, cremosos e irresistíveis? Dá vontade de comer todos eles, mas ninguém pode fazer isso – porque custam caro, porque engordam e por várias outras razões. A gente acaba optando pelo que parece mais atraente, embora saiba que os outros doces, os que ficaram na vitrine, também são bons. E ninguém perde o sono por causa disso.

Quando se trata de escolher um parceiro, fica mais complicado. Tem gente que não aguenta perder nada e, ao escolher um companheiro, precisa acreditar que todos os outros homens são desinteressantes: como se só saísse satisfeita da doceira tendo a certeza de que os doces que ficaram na vitrine estavam estragados.

Isso não é verdade. Um namorado não faz desaparecer todos os outros homens, nem os torna desinteressantes. E não existe um príncipe encantado que atenda a todas as necessidades e desejos criados pela vontade e pela fantasia de uma mulher. Por isso é tão difícil escolher e construir relacionamentos duradouros. Ter mais de um parceiro ou fazer vínculos descartáveis são formas de evitar a renúncia à pretensão de completude e de fugir ao confronto com os processos de desgaste, envelhecimento e, eventualmente, morte – da relação, do parceiro, de nós mesmos.

Existem vantagens nos relacionamentos descartáveis. Quem troca continuamente de parceiro pode contar sempre as mesmas histórias e repetir as mesmas gracinhas sem provocar tédio. Não precisa renovar seu acervo de informações, nem ampliar o repertório de experiências para manter o interesse do outro. Em compensação, corre o risco de se congelar na mesmice. Um relacionamento duradouro dá mais trabalho. Investir num único companheiro implica risco maior de sofrimento diante da possibilidade de perda, mas esses caminhos oferecem mais possibilidades de crescimento e amadurecimento.

Essa escolha não depende só da nossa vontade. Estão no jogo o momento do parceiro, as forças do acaso (que podem fazer encontros e desencontros), as misteriosas demandas de nosso inconsciente (que podem funcionar como verdadeiros sabotadores internos).

Enquanto o destino não mostrar essa encruzilhada, é possível – e perfeitamente normal – amar mais de uma pessoa ao mesmo tempo, ou borboletear entre relacionamentos episódicos e voláteis. São experiências que podem nos ajudar a entrar em contato com diferentes facetas de nossa personalidade e, assim, fazer escolhas menos aleatórias, quando o momento da escolha – e da renúncia – se impuser.

Tenho 28 anos e meus relacionamentos nunca duram mais de dois meses. Sou uma mulher atraente, inteligente e, no início, os homens se mostram interessados, mas basta eu me apaixonar para as coisas começarem a ir mal: ou eles conhecem outra mulher ou simplesmente perdem o interesse por mim. Acredito que nunca vai dar certo comigo: quando um homem me convida para sair, entro em pânico e passo a evitá-lo. Será que vou me curar do trauma? Não quero passar o resto da vida sozinha, mas estou começando a me conformar com essa ideia.

Será que a paixão provoca em você mudanças indesejáveis, sem que perceba? Pode ser que, ao ficar apaixonada, seu comportamento mude tanto, que o parceiro fica desconcertado e se afasta. Isso acontece com algumas pessoas, especialmente mulheres: sofrem tamanha transformação quando tomadas pela paixão, que ficam irreconhecíveis – passam a ser dependentes, melosas, cobradoras; enfim, parecem viradas do avesso. E os parceiros, que tinham sido atraídos justamente pela independência e autossuficiência delas, ficam perplexos – e fogem.

Não se trata de trauma, nem é caso para pânico. Mas você deve ficar atenta às pequenas mudanças de comportamento que se instalam sem que se saiba como: o aumento do número de telefonemas diários, os pequenos gestos de impaciência que revelam ansiedade, o excesso de solicitude que leva a querer adivinhar os desejos do parceiro e apressar-se em atendê-los, antecipando pedidos não explicitados. Muitos desencontros e frustrações são gerados por esse comportamento – que é amoroso para alguns e invasivo para outros.

Não acredito que você vá passar o resto da vida sozinha. Porém, acho que quem se sente confortável com a ideia de ficar sozinha tem mais possibilidades de fazer parcerias verdadeiras e simétricas, pois o amor não deve ser inscrito no registro da necessidade, mas sim no registro do desejo, ou seja, a gente só deve entrar num relacionamento porque quer, e não porque precisa.

Não consigo me interessar por ninguém. Tenho 27 anos, ainda sou virgem e estou em busca de uma pessoa íntegra que me ame, pois quero ter um Grande Amor. O problema é que quando começo a me interessar por alguém, sempre me dou mal, e volto a pensar: "Não vale a pena gostar de ninguém". Saio com minhas amigas, conheço rapazes, fico com eles, mas é tudo superficial. Não peço o número do telefone e, se eles não pedirem o meu, também não dou. Acho isso normal, embora algumas vezes sinta falta de um relacionamento fixo, de uma entrega verdadeira. Mesmo assim, nunca me esforço e não me interesso por ninguém. Minhas amigas falam que eu devo paquerar alguns rapazes do trabalho, que elas acham bonitos e interessantes, mas eu não acho. Será que sou muito sonhadora, romântica ou tenho medo da entrega? Fico com receio de que a pessoa com quem for ter minha primeira experiência sexual zombe de mim...

É mais difícil encontrar um parceiro quando se está de posse de um modelo ideal, comparado com o qual ninguém é suficientemente bonito nem interessante. Será que a culpa é dos pobres homens que a cercam, feiosos e sem graça? Ou de um modelo perfeito demais, pois quem habita a fantasia não tem defeitos?

Não existe o Grande Amor assim prontinho, sob medida para o seu desejo. Existem relacionamentos possíveis, com pessoas de carne e osso (e, portanto, imperfeitas), nos quais se pode investir para conhecer o outro e dar-se a conhecer. Alguns desses relacionamentos evaporam, não dão em nada; outros transformam-se em sólidos vínculos de amizade, que duram a vida toda; outros, ainda, resultam em grandes paixões. A partir daí, até pode acontecer um grande amor (assim, com minúsculas, na medida dos humanos). Não dá para saber com antecedência. O jeito é arriscar.

Tenho 24 anos, conheci um rapaz de 35 anos e começamos a sair. Na primeira vez, ele não me beijou nem pegou na minha mão; no segundo encontro, ele me beijou; e no terceiro, transamos. Ele é atencioso, disse que adora conversar e sair comigo. No quarto encontro, ele quis transar de novo, mas aceitou numa boa quando eu disse que não queria. No quinto encontro, transamos novamente e foi maravilhoso: sintonia perfeita. Estou me envolvendo cada vez mais e tenho dúvidas se ele quer ser meu namorado ou não, pois nunca conversamos sobre o que acontece entre nós, embora ele me ligue pelo menos três vezes na semana. Estou começando a me apaixonar e tenho medo!

Relaxe e aproveite. Parece que você já não está mais "começando a se apaixonar": está apaixonada, como, aliás, convém depois desses encontros com tanta sintonia. Não sei de que conversa você precisa para deixar que a vida siga seu curso. O que falta para você se permitir chamar esse moço de namorado?

Nenhum nome que se dê a esse relacionamento vai garantir que o enredo termine como nos contos de fadas ("felizes para sempre"). E mesmo que você promova um seminário para discutir a relação, isso não vai lhe dar a segurança de que o amor será eterno. Mas o conselho do poeta continua válido: "Que seja infinito enquanto dure".

Aposte na vida. Se você não ganhar, ao menos vai dar empate. Isto é, se o relacionamento terminar algum dia, ainda assim haverá ganhos: no mínimo, você terá conhecido uma pessoa interessante e vivido uma experiência amorosa, o que sempre nos enriquece.

Apesar dos meus 24 anos, nunca tive um namoro sério, apenas paqueras, que dispensava antes de me envolver. As pessoas dizem que sou exigente, mas acho que, no fundo, tenho medo de sofrer. Na semana passada, fiquei sabendo que um conhecido está interessado em mim, mas não sei no que isso vai dar. O que devo fazer? Não sei se invisto nisso ou continuo a fugir dos relacionamentos.

É claro que você não sabe no que isso vai dar: ninguém sabe. E não me parece que você tenha de tomar qualquer decisão a respeito de uma situação em que você é objeto, e não sujeito. Afinal, você simplesmente "ficou sabendo" que "um conhecido" está "interessado" em você. Isso tudo é muito vago e não oferece critérios para você decidir o que quer que seja. Não faça nada, não decida nada; afinal, ninguém está perguntando coisa nenhuma. Espere até esse "conhecido" chegar mais perto e se dar a conhecer de verdade, deixar claro no que exatamente ele tem "interesse". Só então você poderá descobrir se também tem algum interesse por essa pessoa real, de carne, osso e história.

Tenho a impressão de que você tem vivido mais na fantasia do que na realidade nesses seus 24 anos. Não sei se você é exigente, como as pessoas dizem. Mas acho que você não se permite conhecer uma pessoa, provavelmente porque também não se conhece bem. Então, em vez de se fazer perguntas teóricas e questionamentos vagos, procure conhecer melhor a você mesma, suas necessidades e seus desejos, e fique mais aberta para as pessoas que estão à sua volta. Sem intermediários.

O sofrimento faz parte da vida. Não correr o risco de amar por medo de sofrer é o mesmo que não viver por medo de morrer. O pior é que nem a morte nem o amor respeitam esses pactos fajutos.

Namoro um rapaz há quatro anos. Ele é uma boa pessoa, caseiro, tranquilo, leva nosso relacionamento a sério e quer casar. Gosto dele, mas existe um problema: ele está com 30 anos, sem emprego fixo e há cinco anos insiste num negócio próprio com poucas chances de decolar. Fico preocupada com a segurança financeira (pago minha aposentadoria privada desde os 18 anos, e gosto de conforto). Estou pensando em terminar o namoro, mas acho difícil encontrar um rapaz como ele. O que faço?

Não dá para encontrar um namorado perfeito, desses completos, prontinhos, como que feitos de encomenda para o desejo da gente. Na vida, não se fazem parceiros sob medida, tal como ocorre quando a gente compra roupa pronta: quando encontramos o tamanho certo, a cor não é aquela que queremos ou o tecido não é exatamente aquele que procuramos.

Levando em conta essas limitações, parece que esse parceiro está próximo de sua encomenda, só falta ter mais sorte – ou seriedade – na vida profissional. Não dá para saber que importância essa falha pode ter numa vida futura em comum, mas você pode ser menos ansiosa e usufruir melhor de tudo o que esse relacionamento pode proporcionar no presente.

Não dá para saber se esse é o companheiro ideal, nem se a relação vai durar para sempre, mas você pode aproveitar o colorido e o tempero que a vida está lhe oferecendo agora.

Será, mesmo, preciso pedir mais?

Tenho 21 anos e ganho o suficiente para me sustentar. Meu namorado tem a minha idade e estamos juntos há quase três anos. Nosso relacionamento era conturbado e acabei me interessando por um cara mais velho, com quem tive seis meses maravilhosos. Eu parecia estar apaixonada, mas terminei o relacionamento e não contei nada ao meu namorado.

O problema é que minha mãe não aceita meu namorado, porque ele me fez sofrer muito nesses anos de namoro. Quando me afastei, ele chorou e implorou para que eu não terminasse o namoro. Então, descobri que ainda o amava. Minha mãe

ameaça contar ao meu namorado sobre o envolvimento que tive, se eu continuar com ele. Meu namorado sabe que minha mãe não gosta dele, e me propôs casamento. Fiquei feliz, mas com medo. Não sinto mais nada pelo outro, quero ficar com meu namorado e em paz com a minha mãe, mas ela continua a se meter na minha vida, dizendo que, se eu moro com ela, tenho de obedecê-la. Sei que devo respeitá-la, mas isso me atormenta. Já pensei em morar sozinha, para que minha mãe pare de se meter na minha vida, pois não é a primeira vez que ela age assim. O que faço?

Não está claro se você voltou para seu antigo namorado porque sentiu falta dele e descobriu que o amava, ou se houve alguma encrenca com o "amante", e a partir daí resolveu dar ouvidos às súplicas de seu ex. E, se não está claro para mim, talvez não esteja claro também para sua mãe. Estará claro para você? As mães conseguem captar algumas vozes que ficam sussurrando dentro dos filhos e que eles não querem ouvir. E é mais fácil ter uma briga com a mãe do que com as vozes internas... Aliás, se sua mãe sabe de seu caso com esse outro moço (que, afinal, não é tão mais velho assim), é porque você mesma contou isso a ela. Ela só tem o poder de te "chantagear" porque você não é totalmente sincera com seu atual namorado, e a mentira (ou o segredo, que nesse caso vem a dar no mesmo) não é uma boa base para retomar um relacionamento.

Morar sozinha não resolve: a encrenca não está na sua mãe, mas no seus relacionamentos confusos com os namorados. Procure esclarecer seus sentimentos, primeiro para você mesma, depois com o namorado, e ninguém mais terá poder algum sobre suas decisões.

Sou independente e bem-sucedida, mas só atraio homens que têm uma vida instável e não querem compromisso...

E você, quer mesmo compromisso? Será que neste momento você quer um vínculo estável, um parceiro com o qual possa se envolver num projeto de vida? Ou prefere não se arriscar a perder a vida que tem agora?

Você me parece bem satisfeita com suas conquistas pessoais, contente com o que está vivendo – e tem bons motivos para se sentir assim. Será que só se faz atraente para homens que não têm condições de assumir um compromisso mais sério? Ou, o que vem a dar no mesmo, será que você só percebe a atenção de homens desse tipo e nem se dá conta do interesse de parceiros mais sérios?

Não há nada de errado nisso. Afinal, o casamento não é necessariamente a meta primordial de todas as mulheres. Talvez para você, neste momento, seja preferível se relacionar com parceiros menos dispostos a se comprometer e mais inclinados a se divertir. E por que não?

Fiquei com um bissexual e estou apaixonada por ele. Será que tenho algum problema?

Definir seu parceiro como bissexual não diz quem ele é, pois essa característica não é suficiente para identificar uma pessoa. Assim parece que você está apaixonada por ele apenas porque ele é bissexual, como se você se sentisse atraída não pela pessoa que ele é, mas pela categoria "diferente" pela qual ele é rotulado.

Não sei se você tem algum problema, mas reduzir o parceiro a uma única característica é, sem dúvida, fonte de problemas para o relacionamento. O importante é descobrir o que você é e o que você quer, e não tentar se diagnosticar por meio das escolhas do parceiro.

Tenho 20 anos e sempre arrumo confusão com as pessoas, principalmente com os parentes. Meu apelido é "a briguenta". Sou indecisa e confusa. Comecei a fazer terapia há três semanas, mas não sei se devo continuar, pois ainda não vi resultado.

Em três semanas, mal dá para saber direito o endereço da terapeuta. É provável que boa parte das encrencas que você provoca tenha a ver com essa impaciência e imediatismo. Só o fato de aprender a ter calma e aguentar a terapia – que é uma experiência que não oferece (nem pode oferecer!) resultados imediatos – já será de grande valia para seu amadurecimento. Não desista agora, a terapia ainda nem começou!

Passado

Tenho 28 anos, faço faculdade e trabalho. Namorei um rapaz durante quatro anos, mas não tínhamos objetivos em comum e resolvi terminar o namoro. Mas nunca nos afastamos. Logo que nos separamos, ele arranjou outra namorada e eu sabia disso, mas mesmo assim continuamos saindo. Dois anos depois, engravidei dele (meu filho tem 7 meses), e achei que talvez pudéssemos construir um futuro juntos, agora com a chegada do bebê. No entanto, ele deixou claro que não vai terminar com a atual namorada e que só quer saber da criança.

Mesmo assim não se afastou de mim e diz que está confuso. Não aguento mais essa situação, faço tudo para me manter afastada dele. Quando brigamos e ele se afasta por alguns dias, sonho com ele todas as noites. Até tento agredi-lo, quando ele se aproxima, para ver se ele se afasta de vez. Por que não consigo me afastar desse homem que me faz sofrer tanto?

Nem sempre o homem de seus sonhos pode ser o homem de sua vida, mas parece que você mesma não leva a sério aquilo que vê e sente. Se o rompimento ocorreu porque você percebeu que não tinham os mesmos objetivos, poderia ter previsto que essa divergência apareceria na maneira de encarar qualquer projeto, inclusive o de ter um filho: para você, essa gravidez representava a possibilidade de começar uma família, enquanto ele "só queria saber da criança". São, evidentemente, objetivos bem diferentes, como você mesma poderia ter previsto.

Agora, ele está ligado a outra pessoa e tem projetos dos quais você está excluída. Não tente se iludir: suas agressões não têm o objetivo de afastá-lo, mas de mantê-lo ligado a você. Só que não funcionam.

Não fique presa a projetos frustrados, em vez de olhar para o futuro e tocar a vida em frente. Está na hora de pensar em seu próprio projeto e parar de olhar para trás.

Você tem um filho para cuidar e muita vida à sua espera. Ligue-se nisso e deixe as fantasias nos sonhos, que é o lugar delas.

Namoro um homem de 32 anos que acabou de sair de um quase casamento (eles moravam juntos). Ele tem três filhos. Eu também acabo de sair de um relacionamento de um ano e nove meses. Gostaria de saber se futuramente terei preocupações. Devo tomar alguma precaução?

Não é preciso ter bola de cristal para responder à sua pergunta quanto a ter ou não preocupações no futuro: sim, você vai ter preocupações no futuro. Não por ele ter 32 anos e três filhos (O que será um "quase casamento"? Além de morar junto e ter três filhos, o que teria faltado para aquele relacionamento receber o nome – e o status – de um casamento?), mas porque as preocupações fazem parte da vida de todos nós.

Mas pre-ocupar-se não ajuda: a melhor precaução está em você se ocupar com as questões do presente, em vez de se deixar amarrar pelas fantasias de problemas futuros, principalmente porque ninguém tem controle sobre essas questões. A gente faz o que pode para se prevenir, mas nessa área as emoções são soberanas. E problemas posteriores só poderão ser resolvidos posteriormente, não há como antecipá-los.

Meu novo namorado é divorciado e tem dois filhos, de 5 e 7 anos. Ele quer que eu conheça os garotos e que façamos um programa juntos. Como devo agir numa situação dessas? Não tenho o menor jeito com crianças!

Você pode não ter nenhuma experiência com crianças, mas ninguém pode dizer que não tem o menor jeito com crianças, como se falasse de dançar uma salsa ou cantar o coral da "Nona Sinfonia" de Beethoven. Não existe um jeito genérico de lidar com crianças, porque não existe uma criança genérica. Tenha, ao menos, a boa vontade de conhecer os filhos de seu namorado, e saiba que um homem divorciado é um pacote que inclui os filhos de um casamento anterior, que são a prova viva de que houve um enredo na vida do homem amado, do qual você não faz parte.

Se você não está mesmo disposta a lidar com crianças, é melhor procurar um namorado solteiro – e que não queira ter filhos.

Tenho 23 anos e namorei durante sete anos um homem de 46 anos, divorciado e pai de duas meninas. Amo-o até hoje e não me conformo com o fim do relacionamento. Ele disse que iria se casar comigo e ficamos noivos por um ano. Depois, ele acabou com tudo alegando desgaste no relacionamento. O que posso fazer?

Se seu amado não conseguiu tolerar o desgaste de sete anos de um namoro, como poderia tolerar o cotidiano de um casamento? Que futuro pode ter um relacionamento que estaciona durante sete anos?

E será que foi mesmo essa a causa da ruptura? Pelas minhas contas, quando esse relacionamento começou, você tinha menos de 18 anos e ele estava chegando aos 40, trazendo na bagagem um casamento desfeito e duas filhas. Não é fácil uma relação amorosa dar conta dessa diferença de experiências. É possível ser imaturo aos 40 anos, assim como pode acontecer de alguém ser excepcionalmente amadurecido aos 20, mas isso raramente acontece. Talvez ele até tenha certa imaturidade, o que o leva a fugir dos sinais do tempo e a procurar o descartável. E sua dificuldade de se conformar com o fim do relacionamento e a teimosia em aceitar que o outro tenha desejos diferentes dos seus (e, portanto, tome decisões independentes de sua vontade) são sinais de uma adolescência que ainda não acabou. Assim como sua crença na existência de uma palavra mágica, que vai arrancar a dor de dentro de você.

Nada tem esse poder. Só você, passando pelo sofrimento e crescendo com ele, poderá se libertar. Não existe crescimento sem sofrimento, mas já vi muito sofrimento estéril, que impede o crescimento e congela o indivíduo numa birra infantil.

Como faço para esquecer um amor que só me fez sofrer? Parece que quanto mais tento mais o amo!

Não acredito que esse amor só tenha trazido sofrimento. Às vezes, para evitar a dor de uma separação, as pessoas tentam desvalorizar o que foi vivido, para que o sentimento de perda seja menor. Mas com isso têm de lutar continuamente para que as lembranças dos bons momentos (que foram negados) não venham à tona e estraguem todo o serviço de sabotagem. Assim, o tiro sai pela culatra, e a pessoa fica nessa batalha inglória para esquecer o que não pode ser lembrado, isto é, que o relacionamento, embora tenha tido boas razões para terminar, foi, pelo menos durante algum tempo, fonte de alegrias e prazeres.

Um amor que morre merece choros e velas. Há que se fazer esse luto, chorar o que se perdeu, contabilizar o que se ganhou, sacudir o pó das lembranças do passado e seguir em frente.

Tenho 20 anos e namoro um cara que era casado e deixou a mulher para ficar comigo. Minha mãe diz que, se eu continuar com ele, ela vai sair da minha vida. Gosto dele, mas no momento não temos condições de assumir esse relacionamento. Sou dependente de minha mãe, e ele está desempregado. O que eu faço?

É pouco provável que seu namorado tenha deixado a mulher só para ficar com você. A separação de um casal tem a ver com o que se passa entre os parceiros: uma terceira pessoa pode ser um bom trampolim, mas dificilmente será a causa da separação. Então, comece por não vestir a fantasia de destruidora de lares e não se considere responsável pelo que aconteceu.

Para que um relacionamento tenha chance de ir adiante, é importante que a nova história não se misture com a antiga. Deixe que esse moço purgue o enredo de que acaba de sair e viva as emoções de um relacionamento que termina, para então entrar de alma lavada numa nova relação amorosa. Até lá, a atitude de sua mãe também pode mudar, pois você não estaria mais no incômodo lugar de "mulher fatal".

Para as mães, é mais fácil encarar o namoro de uma filha com um homem divorciado do que com alguém que mal saiu de um casamento fracassado.

Não só para as mães.

Terminei há um ano com a pessoa que agora é o grande amor de minha vida. Desde então, só me envolvo com homens comprometidos. Gosto disso, mas sinto falta de alguém só meu. Ainda me preocupo com o que os outros pensam a meu respeito e fico com pena das mulheres quando tento me colocar no lugar delas – e então, me afasto dos homens solteiros. Gostar de se envolver com homens comprometidos é problema?

Ao escolher um parceiro, parece que você leva em conta inúmeros atributos secundários: o estado civil (o moço tem de ser casado para atrair seu interesse), as companheiras desses homens (em quem você pensa continuamente, com uma mistura de inveja e compaixão), a plateia (você se preocupa com a opinião dos outros). Mas se esquece de pensar em quem deveria ser a protagonista desse enredo, que é você mesma.

Você só terá alguma chance de fazer uma parceria verdadeira quando ocupar o papel principal em sua vida. Por enquanto, parece que você se satisfaz com o papel de figurante nos enredos alheios. Dá para entender que seu ex-namorado só tenha se tornado o amor de sua vida quando deixou de fazer parte dela...

A vida só será para valer quando você se decidir a fazer os próprios planos (Você quer uma família? Filhos? Uma casa no campo?), passar a viver os próprios sentimentos e ansiedades (Você tem medo de que a vida não dê certo? De que o parceiro possa se interessar por outra mulher?) e desenvolver os próprios parâmetros para julgar seus atos (Como você se sente ao se interessar por alguém cujo projeto de vida não a inclui?).

Enquanto isso, vive meio em paralelo com o curso da vida, como se estivesse só treinando para quando for de verdade. O problema é que, quando você achar que acabou o ensaio geral, pode ser tarde demais para começar o espetáculo.

Namoro um rapaz há quase seis anos, mas sofremos desde o princípio com a rejeição de meus pais. Passamos por inúmeros problemas, como a perda de uma gravidez de dois meses. Ele cursa o primeiro ano do Ensino Médio e eu termino Pedagogia no ano que vem. Trabalho como professora e ele é autônomo. Estamos lutando, mas já faz algum tempo que discutimos muito. Eu, que era atenciosa, interessada e amorosa, ando fria e distante, o que o magoa.

Não sei o que provocou essa mudança em seu comportamento, nem o que tem levado você e o namorado a discutirem tanto. Pela sua mensagem, você parece atribuir seu distanciamento ao aborto, à rejeição de seus pais, à diferença de idade ou de instrução entre vocês.

Porém, esse relacionamento já existe há seis anos. Será que esse tempo não foi suficiente para mudar a imagem que seus pais têm de seu parceiro? Ou será que você acabou por enxergá-lo como seus pais o veem?

De qualquer modo, lembre-se de que o amor é um sentimento vivo e, como tudo o que vive, corre o risco de morrer, se não receber os cuidados e a nutrição necessários. Talvez você esteja à cata de pretextos para provocar um rompimento (daí as discussões repetitivas), ou tenha medo de se entregar totalmente a esse relacionamento (daí a frieza e o distanciamento).

Seja como for, é melhor ser honesta com você e com o parceiro. Uma história de amor pode terminar, mas é preferível que tenha um final digno a deixá-la morrer à míngua.

Solidão

Por que às vezes me sinto sozinha, mesmo que tenha à minha volta todos os meus amigos? É horrível!

Alguns sentimentos não são compartilháveis. Acho que essa é a descoberta que inaugura a adolescência – e, daí em diante, não nos abandona mais. Um dia a gente descobre que tem um mundo interno (feito de lembranças, sentimentos, desejos), que é diferente do de todo mundo. É isso que faz de cada um de nós uma pessoa única, sem réplica (apesar de toda a conversa fiada a respeito de "almas gêmeas"). Pior: percebemos que esse universo tão rico que nos habita não é sequer comunicável, ou seja, não é possível descrever para ninguém como são realmente os nossos sentimentos.

É claro que existem momentos em que esse véu se rompe e a gente consegue fazer o outro entender exatamente aquilo que sentimos. Mas esses são lampejos, momentos mágicos que devem ser guardados no baú de nossos mais preciosos tesouros – dentro da gente, em lugar de honra.

No mais, a gente comunica o que é possível: conversando sobre música, o tempo, o filme. Ou, então, tomamos emprestadas as palavras de alguns poetas, cujo dom reside justamente em vestir nossas emoções com roupagens universais, para que os outros possam reconhecê-las. E assim nos sentimos menos sozinhos. Ou toleramos melhor a própria solidão.

Ultimamente, me sinto muito só. Meu marido joga bola nos fins de semana pela manhã, depois vai à praia e fica jogando cartas com o pai, o irmão e alguns amigos. Acho que ele se

acostumou tanto de me ter à disposição, que já não se preocupa em me agradar. Temos dois filhos, de 14 e 12 anos, eu tenho 38 anos e ele, 43. Não acredito que ele tenha outra mulher, pois nossa vida sexual é intensa e agradável. O que devo fazer?

Seu desconforto até tem a ver com outra mulher: a mulher que você era antes de renunciar a uma vida própria. Seu marido, ao contrário de você, mantém vivos alguns interesses pessoais.

É possível que, num primeiro momento, o abandonado tenha sido ele: enquanto os filhos eram pequenos, seu olhar talvez estivesse pousado neles, e nem percebia se o parceiro estava por perto ou não. Ele deve ter aprendido a preencher os dias de folga com o futebol, a praia, o joguinho com a família. Agora, que os meninos já não exigem (talvez nem tolerem) cuidados constantes, você percebe o vazio.

Mas você e o parceiro mantêm uma relação amorosa preservada, os encontros íntimos confirmam que o vínculo está vivo e forte. Então, as chances estão a seu favor.

O que fazer? Redescubra a mulher que você é hoje, olhe para dentro e encontre a sua praia, invente as regras do seu jogo e convide o companheiro a partilhar de alguns desses interesses. E descubra o prazer de ter momentos só seus, de desfrutar de silêncios e músicas que se ouvem sozinha. Pode ser que você tenha uma surpresa ao perceber que boa companhia pode ser para si mesma. E isso também deve fazer de você uma companhia mais interessante para os outros.

Renúncias

Tenho 19 anos e estou com um problema. Perdi minha identidade depois que comecei a namorar, e agora sofro porque meu namorado continua a manter os interesses dele e eu não sei mais quais são os meus. O que fazer?

Você precisa aprender, desde já, a fazer a prevenção da "síndrome das renúncias inúteis". Abrir mão dos próprios interesses para viver a vida do parceiro é uma grande armadilha. E o namorado até poderia se queixar ao Serviço de Proteção ao Consumidor, pois foi atraído por uma pessoa com vida própria, interessada em diferentes atividades, e se vê com um artigo completamente diferente: uma mulher sem identidade, sem vontade própria, sem voz nem vez. Se estiver na garantia, vai tentar devolver; se não, vai encostar esse produto enganoso e procurar outro. Com razão e por direito.

Com 19 anos é natural que você não tenha certeza de quais são seus interesses, mas, nessa idade, há a vantagem de poder experimentar e descobrir. Abra-se para a vida – e a vida vai oferecer possibilidades melhores do que ser a sombra do namorado.

Meu namorado adora sair e é cheio de amigos, mas eu abandonei a minha turma quando começamos a namorar. Como faço para retomar minha vida?

Abandonar os amigos em prol de um namoro nunca é uma boa escolha, pois a maioria dos namoros é transitória, enquanto os amigos tendem a durar para sempre. Uma pessoa que abre mão de seus interesses e amizades para dedicar-se exclusivamente ao namorado corre o sério risco de ficar sozinha.

Não me pergunte como retomar sua vida, pergunte a você mesma o que a impede de resgatar seu mundo. Se é por medo de perder o namorado, não hesite: nenhum amor resiste fechado dentro das paredes que a insegurança (sua e do companheiro) inventa. Mais vale correr um risco que é inerente a todos os relacionamentos amorosos do que querer se transformar numa pessoa diferente do que você é (e por quem, aliás, seu namorado um dia se apaixonou). Uma relação, para se manter viva, exige parceiros inteiros e com vida própria.

Sou uma pessoa de personalidade forte. Casei grávida, há dez anos, e tenho dois filhos. Meu marido, embora goste de mim, é ausente. Passo os dias mal-humorada e ansiosa. Não vejo a hora de chegar a noite, que é quando nossos filhos dormem, para ficar com ele. À noite, nos damos bem, mas quero estrangulá-lo durante o dia. Ele não ajuda em casa, recusa-se a me dar dinheiro, porque acha que devo ter o meu próprio rendimento. Mas meus filhos têm 5 e 2 anos (perdi o primeiro bebê) e, sem dinheiro para deixá-los em uma escola, como posso trabalhar? Sou advogada, mas não encontro emprego compatível com meus horários. Faço todo o serviço de casa e alguns trabalhos esporádicos, e fico cansada. Com toda essa situação, eu ainda o amo. Como posso amar uma pessoa assim?

Ele é músico, ganha bem mais do que eu, que trabalho em casa e esporadicamente. Assumo metade das contas da casa, mais o serviço doméstico, e ainda proporciono uma vida amena aos meus filhos. Estou me sentindo mal comigo mesma. Engordei e não tenho mais vontade de me arrumar. O que significa esse homem na minha vida? Se pudesse, faria uma terapia, mas como descrevi, minha vida é difícil.

Antes de perguntar o que significa esse homem em sua vida, cabe descobrir quem é essa mulher em quem você se transformou. Será que foi por essa pessoa que seu parceiro se apaixonou? Esse jeito ranzinza, esse ressentimento – foi essa a bagagem que você trouxe para a vida em comum?

Você diz que engordou, que não tem vontade de se arrumar, que está largada. Não há mal nenhum em adiar alguns planos para cuidar dos filhos, desde que essa decisão seja tomada livremente, como uma escolha, e não como uma imposição do parceiro, um castigo do destino ou uma autopunição. Parece que você se envergonha tanto do fato de amar esse homem quanto da vida que leva. Não acredito em amor baseado só em sexo, ainda mais com dois filhos e tanta esperança partilhada. Acho que há mais nessa relação do que você está disposta a assumir.

Depois que uma pessoa passa dos 6 anos de idade, só existem jugo, sufoco e submissão quando vêm de dentro. Livre-se desses tiranos (uma terapia ajuda – e há clínicas ligadas a universidades que cobram um preço proporcional à possibilidade do paciente – e você pode agendar sessões em horário compatível com sua vida, mesmo que atribulada). Não tenha medo de ser feliz, mesmo que o marido ganhe mais e tenha um trabalho aparentemente mais charmoso do que cuidar dos filhos e da casa.

Tenho 29 anos e sou "crossdresser": desde criança gosto de me vestir de mulher. Meu maior sonho é ser uma mulher de verdade. Como é impossível, vivo com minhas fantasias. Sou casado e minha esposa não sabe nada sobre isso. Minha vida como homem é normalíssima, gosto de mulher,

sou bem macho, não sou afeminado, e ninguém imagina que tenho esse outro lado. Quando me visto de mulher (uso perucas, maquiagem e tudo o mais), me transformo de corpo e alma numa mulher, inclusive psicologicamente. Sinto falta de um amante apaixonado, mas transo com minha esposa e minha namorada numa boa. Agora, minha vontade de ser e me sentir mulher voltou. O que acontece comigo? Gosto de ser homem, quero ser mulher; gosto de mulher, mas, quando me visto de mulher, quero um homem. Não quero que alguém descubra o que acontece comigo, mas também não quero mudar minha vida.

Não se pode ter tudo, não se pode ser tudo – mas parece que você não acredita nisso. Você quer ser totalmente homem (e "bem macho") e ser uma "mulher de verdade"; tem uma esposa e uma namorada e quer um amante; diz que sua vida é "normalíssima", mas teme ser descoberto. É provável que queira ser pai e filho também, além de ter a aparência de jovem e a experiência de homem maduro. Só que não dá, a vida nos obriga a fazer escolhas e, portanto, a fazer renúncias. Para tolerar a dor da renúncia, os seres humanos têm a fantasia, que permite experimentar outras opções, sem risco e sem dolo. Mas você já não se contenta com as fantasias e põe em risco você mesmo e, provavelmente, as pessoas que ama.

Quando a gente quer tantas coisas, na verdade não sabe o que quer. Quem procura parcerias tão diferentes não se conhece o bastante para saber por quem procurar. Em vez de se arriscar e se desgastar nessa busca de parceiros, procure uma terapia, que o ajudará a fazer uma aliança verdadeira consigo mesmo. Sem ter medo do que significa ser você mesmo.

Medos

Tenho 31 anos e morro de medo de casar e ter filhos. Sinto que se fizer tudo isso vou ser igual a todo mundo. Na minha cabeça, sou diferente, pois continuo solteira e sem filhos. Meu namorado já está perdendo a paciência. O que posso fazer?

Por que você tem tanto medo de "ser igual a todo mundo"?

Não se preocupe: cada um de nós é um ser único, diferente de todos os outros. Não por ter um destino especialmente diferenciado, mas por ter, dentro de si, um mundo interno diferente do de "todo mundo". Por outro lado, somos todos iguais, partilhamos do mesmo momento de angústia do Planeta Azul e sofremos juntos os desatinos dos poderosos.

O medo de casar e ter filhos é apenas uma das facetas do desejo de casar e ter filhos – e do medo de se perder no casamento e na maternidade, justamente por serem tão desejados. Você não é diferente por ser solteira e sem filhos. Existem muitas pessoas nessas condições e que são absolutamente medíocres e previsíveis. Assim como há muitas solteiras sem filhos que são pessoas interessantes, diferenciadas e atraentes. As casadas também estão representadas nas duas categorias.

Enfrente seu medo e seja feliz, sem tanta preocupação de ser original – o que quer que isso queira dizer.

Como evitar problemas no mundo de hoje?

Os problemas fazem parte da vida, tanto no mundo de hoje como no mundo de ontem e no de amanhã. Isso vale para qualquer ser vivo, da ameba ao homem. Lidar com os problemas, procurar soluções e testá-las é o caminho para o desenvolvimento da mente e para ampliar nosso repertório de respostas a fim de enfrentar os perigos deste mundo. Sem isso, estamos mais próximos da morte do que da vida.

Por que algumas pessoas (como eu) são tão frágeis e, apesar de terem consciência e lutarem contra isso, essa característica não melhora? Qualquer comentário me machuca.

Todas as pessoas são frágeis, o que varia é a situação em que a fragilidade de cada uma aparece. Se os comentários dos outros têm o poder de feri-la, é porque você atribui alguma verdade a eles, ou dá demasiada importância à opinião alheia. Em vez de se fechar em sua mágoa, procure entender melhor o que exatamente a machuca nas observações dos outros – e o que há de verdadeiro nesses comentários.

Desista de brigar com suas características humanas, afinal, você não mora no Olimpo e, portanto, tem o direito de ter todas as fragilidades inerentes aos seres humanos. Aprenda a entendê-las e a lidar com elas.

Depois da minha separação, não consigo me abrir para nenhum relacionamento, pois tenho medo de sofrer de novo. Mas já estou cansada de ser sozinha. Sou muito independente e acho que isso assusta os homens.

Você se debate entre dois medos opostos – o de ficar sozinha e o de entregar-se a um relacionamento amoroso –, enquanto afirma que os homens é que têm medo de sua independência... Mas parece que você é quem se assusta ao perceber que, por mais independente e autônoma que seja, ainda assim se ressente da falta de um parceiro.

Observe sua conduta para ver se você não anda mesmo assustando os homens (talvez por estar com medo deles). É possível que alguns homens tenham medo de sua independência, mas, provavelmente, são os que não conseguiriam viver uma relação amorosa simétrica. Então, é até bom que o medo apareça logo, porque, se eles acham que você não seria uma boa parceira, é provável que eles também não sejam bons companheiros para você.

O sofrimento faz parte da vida e você até sabe que é capaz de sobreviver ao fim de uma história de amor, ainda que isso a faça sofrer. Tente de novo: às vezes, não dá para esperar a coragem, é preciso viver e amar mesmo com medo.

Culpa

Estou separada de meu marido há quatro meses, por minha culpa. Já me arrependi, pedi perdão várias vezes e ele não consegue me perdoar. Às vezes, ele me procura e diz que gosta de mim e que pensa em voltar. Mas ele está saindo com uma amiga minha. Não paro de pensar nisso, nem penso mais na nossa filha, só nele. Estou em depressão, não sei o que fazer.

É difícil uma relação amorosa aguentar tanta culpa (sua) e tanto ressentimento (dele). Essas feridas doem e sangram cada vez que são tocadas. As conversas (em que você se descabela e pede desculpas, e ele aceita as desculpas, mas não consegue perdoar de verdade) só servem para remexer nas mágoas.

Tente olhar para a frente e cuidar da vida (a qual evidentemente inclui sua filha). O tempo será seu aliado para curar feridas e permitir que você retome sua vida amorosa, e não necessariamente com esse parceiro.

Cuide-se e espere que termine esse luto pela morte de uma relação amorosa. Afinal, quatro meses não é tanto tempo assim...

Há dois meses estou namorando a ex-namorada de um amigo, que não sabe desse relacionamento. Nós nos damos bem, temos muitas afinidades, mas ela deixa claro que ainda é apaixonada pelo ex-noivo: diz que gosta de mim, que combinamos e que há atração, porém está confusa e ainda abalada pela figura do outro. Não sei o que fazer. Eu me sinto mal pelo fato de ela ser ex-namorada do meu amigo e pelo fato de amá-la, apesar do que ela ainda sente por ele. Estou disposto a lutar por esse amor, mas não sei como. Devo desistir?

É natural que a moça ainda fique perturbada com a lembrança do ex-namorado, sobretudo se eles tinham um vínculo antigo, com planos de casamento. Ninguém se desembaraça de um relacionamento amoroso como se fosse uma roupa velha. Mas, se você está disposto a lutar por esse amor, o que está esperando para arregaçar as mangas e ir à luta? Todo mundo é ex-namorado de alguém, e se o namoro entre a moça e seu amigo já tinha terminado, não há motivo para remoer culpas.

Vá em frente e faça o que seu coração mandar. É melhor sentir remorsos por seguir seus sentimentos do que se acovardar diante daquilo que você imagina que o outro sente.

Os outros

O que fazer se não aguento mais a falsidade das pessoas, principalmente da família do meu noivo? Não tolero saber que meu nome está rolando de boca em boca, mas ninguém tem a coragem de falar pessoalmente. Tudo o que sei foi porque meu próprio noivo desabafou comigo, porque, sem querer, ouviu esses comentários, e está chateado com a família.

Por que você não pergunta ao seu noivo a razão de ele ter te contado essas fofocas? O que ele esperava que você fizesse com essa informação?

Se ele ficou chateado com o que os parentes disseram, melhor seria que tivesse mandado os fofoqueiros calarem a boca. Então, não precisaria contar o que ouviu, já que você não tem nada com isso. A família é dele, a noiva também. O problema é dele, e não seu.

O melhor jeito de cortar uma fofoca é não dar importância a ela. A conversa de comadres rola enquanto houver pessoas interessadas em repetir as bobagens que ouviu, mas a fofoca morre nos ouvidos do primeiro que decidir não passar adiante a maledicência. Faça isso você, se seu noivo não foi capaz de, ao menos, manter a boca fechada e poupá-la desse ressentimento.

Lembre-se: se um dia vocês se casarem, seus filhos farão parte dessa mesma família da qual hoje vocês falam mal. Será preferível que as crianças sejam criadas num ninho mais harmonioso – e só podem contar com os pais (isto é, você e seu noivo) para isso. Se vocês não podem fazer nada quanto às famílias em que nasceram, tratem de formar uma família melhor para seus futuros filhos.

Gostaria de ajudar uma amiga, que foi minha instrutora na autoescola e é alguém a quem quero bem. Não gosto de vê-la triste. Ela é casada, tem três filhos, o marido é advogado e viaja muito. Ela vive uma vida dupla, tem outra pessoa, mas a família não sabe. Os donos da autoescola começaram a brigar, e o clima ficou tão ruim, que o Detran descredenciou a autoescola e agora ela está trabalhando como doméstica, o que não é fácil para quem era uma instrutora querida por todos.

Nós nos falávamos quase todos os dias, mas, ultimamente, ela se afastou. Não insisto, mando mensagens telefônicas de otimismo e poemas, palavras amigas que ela adora. Tenho 19 anos e ela, 47. Hoje conversamos e percebi que ela não estava bem, embora dissesse o contrário. Como posso ajudá-la?

Sua amiga parece estar com problemas de várias naturezas, por isso, não é fácil ajudá-la. Principalmente porque ela não quer muita conversa – e o primeiro mandamento de uma amizade é respeitar os limites do outro.

Você não tem como levar a vida dela mais a sério do que ela mesma leva – ninguém pode. Com quase 50 anos, três filhos, um marido advogado e uma "vida dupla", ela já acumulou experiência suficiente para saber quando e a quem pedir ajuda. Você só pode deixar claro que está disponível para conversar quando ela quiser e confirmar que torce por ela.

É melhor cuidar dos problemas reais de sua vida de garota de 19 anos – que não tem filhos nem marido, nem motivo algum para viver uma "vida dupla": a sua e a dela.

No lugar onde trabalho, só há desunião, fofoca, bajuladores do patrão e discussões constantes entre os funcionários. Isso me chateia. Não me sinto bem nesse ambiente, mas tenho um bom salário. O que posso fazer para não me deixar afetar pelos problemas de relacionamento da equipe?

Trabalhar cansa mesmo, pois isso chama-se "trabalho", não "festa". Mas cansaço, nervosismo e impaciência não são a única colheita da vida profissional, embora as pessoas insistam em apresentar apenas essas facetas quando chegam do trabalho, sobretudo para os filhos. Com essa atitude, passamos aos jovens uma imagem desfavorável do universo adulto – e depois nos espantamos quando eles não querem seguir nossos conselhos.

O pior é que essa imagem é mentirosa. Ninguém conta que o trabalho é também fonte de desafios importantes e espaço de encontro de pessoas interessantes. Não sempre, não todas: há discussões estéreis e desuniões; e também fofoqueiros e bajuladores. Mas em todos os setores da vida existe rotina, e não se faz drama por isso: nenhum adulto se dá o direito de reclamar porque todo dia tem de escovar os dentes, tomar banho, pentear os cabelos e fazer muitas outras pequenas tarefas repetitivas, desagradáveis, humilhantes. A gente sabe que tem de ser assim, mas que não são essas atividades que definem nosso cotidiano, e nem se espera que elas deem sentido a nossa vida.

Devíamos lançar esse mesmo olhar para o trabalho e encarar as chateações da rotina como apenas isto: parte inerente de um processo maior, cujo sentido é atribuído por nós mesmos, e não pelo chefe ou pelos colegas.

Uma boa dose de paciência e de bom humor ajuda a tolerar as pequenezas do cotidiano, em qualquer trabalho. Na vida também.

Meu chefe vive me apressando com frases do tipo: "Termina rapidinho, que estou precisando de você", ou "Vai rápido, senão não dará tempo", ou, ainda, "Volta logo, porque tenho pressa". Será que ele não sabe que a pressa é inimiga da perfeição, e que essa situação pode levar o funcionário a cometer erros?

A pressa é inimiga da calma, o inimigo da perfeição é a condição humana. Parece que você, tão amigo da perfeição, lamenta-se à procura do chefe perfeito, da comunicação perfeita. E a lamúria é inimiga dos processos de crescimento e evolução.

Você não tem nenhum poder sobre a maneira como seu chefe se expressa, mas talvez possa fazer alguma mudança na maneira como interpreta as mensagens dele. Num momento em que parte da população mundial teme ficar sem emprego, você poderia considerar positivos os sinais de que seu chefe precisa de você e tem bastante trabalho à sua espera. Em vez de sentir-se pressionado e ofendido por não poder apresentar um trabalho perfeito, seria preferível esforçar-se para fazer o melhor, dentro das circunstâncias que a realidade oferece. Não adianta contemplar um universo ideal, no qual o chefe perfeito dá a seu funcionário exemplar um tempo infinito para produzir resultados excelentes. As pressões do cotidiano e as limitações das deficiências humanas são obstáculos intransponíveis para a perfeição, mas não devem servir de desculpa para a paralisia.

Sonhos

O que significam os sonhos?

Os sonhos são mensagens do inconsciente e revelam desejos e anseios que não encontram tradução na vida de vigília. Não servem para adivinhar o futuro, mas lançam uma luz sobre nosso mundo interno e, assim, ajudam cada um de nós a se conhecer melhor.

Sempre sonho que estou fugindo. Tenho crises nervosas durante o dia e não consigo relaxar nem me divertir. Minha vida está um inferno, não sei o que fazer com tudo isso. Sempre corri atrás de meus objetivos e agora estou assim!

Do que você foge em seus sonhos? O que será que a persegue? Você diz que sempre correu atrás de seus objetivos e talvez, com isso, tenha se esquecido dos aspectos importantes de sua vida afetiva e emocional, que agora correm atrás de você para se fazer ouvir.

Experimente parar de correr e encarar essas sombras que povoam suas noites. É provável que você se depare com sentimentos e emoções que não quer ver – e que se transformam em fantasmas perseguidores quando você adormece.

De qualquer maneira, tudo isso está dentro de você. Portanto, não adianta fugir. Nem precisa. É possível que entre esses seus fantasmas você encontre grandes aliados para ajudá-la a entender o que faz de sua vida "um inferno". Olhe com coragem para esses perseguidores e poderá ter boas surpresas.

TÍTULO SOS Amor

Equipe editorial LINDSAY GOIS E LOURDES MAGALHÃES
Revisão ÂNGELA CRUZ E LINDSAY GOIS
Capa, projeto gráfico e diagramação MARIANA CARBONELL
Foto capa e foto autora UCHA ARATANGY

Dados Internacionais de Catalogação na Publicação (CIP)
(Câmara Brasileira do Livro, SP, Brasil)

Aratangy, Lidia Rosenberg
SOS Amor / Lidia Rosenberg Aratangy. -- São Paulo : Primavera Editorial, 2015.

ISBN 978-85-61977-71-9

1. Amor 2. Casais - Aspectos psicológicos 3. Casamento 4. Família
5. Relações interpessoais I. Título

14-01838 CDD-158.2

Índices para catálogo sistemático:
1. Amor: Relações interpessoais: Psicologia aplicada 158.2

PRIMAVERA
EDITORIAL
Av. Queiroz Filho, 1700 Vila B 37
05319-000 - São Paulo - SP
Telefone: (55 11) 3031-5957
www.primaveraeditorial.com
contato@primaveraeditorial.com

S.O.S Amor foi impresso em São Paulo
pela Mark Press Gráfica e Editora
para Primavera Editorial em Março de 2015.